どもの「手づかみ食べ」はなぜ良いのか?

IDP新書
014

まえがき

私が保育の世界に入ってから、60年以上が経ちました。その間には本当にいろいろなことがありましたが、過ぎてしまえばあっという間の年月でした。

私が長きにわたって保育の仕事を続けてこられたのは、「人間として、どの子もみんな幸せになってほしい」という願いからでした。人格形成の基礎がつくられると言われる乳幼児期に、友達とちゃんと遊んでけんかや仲直りなどの体験をたくさん積みながら育ってほしい。それが大人になったときに、命を大切にする優しさや思いやりの心となり、困難に立ち向かい乗り越える力となり、幸せな人生を送る力になると信じているからです。

近年、日本の育児は長引く不況の影響を受け、ともすれば子どもが将来苦労しないようにと早期教育、習い事等を重視する方向に偏っているように見えます。しかも最近は「しつけ」の名のもとに虐待が増加し、命まで失われる悲しいニュースが後を絶ちません。子どもが子どもらしく生きる幼児期を失っているようです。社会の風潮も、「しつけ」「お行儀」「お勉強」を幼児期からと早まり、失敗したり汚すことを嫌い、大切な経験や体験が軽視されているように思います。

そんな折、縁があってウェブサイト『丸ごと小泉武夫食マガジン』のインタビューを受けることになりました。そこで私たちが運営するどんぐり・どんぐりっこ保育園が大切にしている子どもの『手づかみ食べ』について記事が掲載されたところ、全国から大きな反響があったそうです。フェイスブックでのシェア数が1万件を超えたとのことで編集部の皆さんも驚いていらっしゃいましたが、私自身も驚きました。世の中の親御さんたちは、こんなにも子どもの食で困っているのだということがわかったからです。

うちの保育園に途中入園してくる子どもたちも、偏食や小食の子が増えています。離乳食期からうちの保育園で育った子どもたちは偏食も小食もなく、どの子もモリモリと食べています。ではなぜ、多くの子どもたちに食のトラブルがあるのでしょうか。親御さんたちもわが子の食事面で「どうしてうまくいかないのか」と原因がわからず悩み、乳幼児期の食が大切であることに気がついていないように思います。

今回の出版にあたってＩＤＰ出版の和泉さんから、長年子どもの発達過程に関わって来られた山口平八さんとの対談のお話をいただきました。山口先生はお忙しい方なので対談など実現できるのだろうかと心配しましたが、「子どもたちの幸せのために、少しでも役に立つなら」と快く引き受けてくださり、心より感謝いたします。山口さんとは、もう30年以上のおつき合いです。子どもたちの食についてお話ができるということで、非常に楽しみに対談の日を迎えた次第です。

本書が、子どもの食で悩んでいるお母さんたちのお役にたてれば幸いです。

清水フサ子

目次／子どもの「手づかみ食べ」はなぜ良いのか？

第1部

子どもの「手づかみ食べ」の理解と実践

第1章　子どもの「手づかみ食べ」はなぜ良いのか？
～どんぐり・どんぐりっこ保育園でたいせつにしている食のこと～

仕事をとるか、育児をとるか

私は現在、どんぐり保育園とどんぐりっこ保育園の創設者として、この2園の子どもたちの育ちを中心にみています。本書でご紹介するのは、どんぐり・どんぐりっこ保育園で長年大切にしてきた食の取り組みについてです。

そしてこれからの話をより深く理解していただくために、読者のみなさんにまずは私の基本的な保育理念についてお伝えしたいと思います。そのためにほんの少しだけ、私の歩んできた道をお話しします。

１９５５年に埼玉県立保育専門学院（現在の埼玉県立大学）を卒業して保育士に

なったのは、敗戦からちょうど10年が経った頃のことでした。

保育士として毎日忙しく飛び回っていた私は、１９６2年に長女を出産して母親になりましたが、「仕事と育児をどう両立するのか」という大きな壁が立ちはだかったのです。

当時は、0歳児保育の制度は不充分で、社会的保障などありませんでした。育児休暇も満足に制度化されていない時代でした。実家が近くになかった私は、「子どもを産んだら、仕事を辞めなくてはいけないかな」と思いました。本当にやりがいのある仕事でしたが、当時は出産したら女性が仕事を辞めて育児に専念するのが当たり前、という世間の風潮がありました。

そんな折、私の仕事の意義を誰よりも深く理解して支えてくれたのは他でもない、「さくら・さくらんぼ保育」の創設者である斉藤公子《きみこ》先生でした。

保育士としての原点

斉藤先生は、「あなたは仕事を続けなさい」とおっしゃいました。それに続けて、「大丈夫よ、子どもは安心して預けなさい」とおっしゃってくれたのです。結局、産休明けから娘を斉藤先生の保育園にお願いすることになりました。そして、まだ小さい娘を預かるために専門の保育者を1人配置してくださったのです。私の仕事が遅くなるときには、担当の保育者のご自宅でお風呂や夕食のお世話になり、家族ぐるみでかわいがっていただきました。

ある冬の夜、迎えが遅くなり保育園に駆けつけると、斉藤先生は娘を背負い、はんてんを着て、給食室の片隅に座り、電灯の下で本を読んでいらっしゃいました。ぐっすり眠っている娘をそっと私の背中に移してくれたのです。50年以上も前のあの夜の先生の姿と温もりは今でも忘れることはできません。私はあのときの先生の姿に、言葉では尽くせない深い感動を受け、帰り道で涙が止まりませんでした。そして、このことは私が半世紀以上も保育の仕事を続けてこられた原点になりました。

女性が一人の人間として仕事を持ち、生きていくためには安心して預けられる保育園をたくさんつくる必要があることを、斉藤先生は身をもって教えてくださったのです。当時は「乳飲み子を人に預けてまで金がほしいのか」と非難する人もいました。しかし保育園は、子どもが預けられてかわいそうな場所であってはならないのです。母親が働くために、安心して預けられる場所でなくてはなりません。

どんぐり・どんぐりっこ保育園の誕生

1987年、32年働いた保育園を退職し、「さくら・さくらんぼ保育」の実践園として鴻巣《こうのす》市赤見台《あかみだい》の地にどんぐり乳児保育園を創設しました。当時の鴻巣市には産休明けから預けられる保育園がなく、市内に住む父母の間で強い要望が持ち上がっていたのです。その必要性を誰よりもわかっていた私は、みなさんと一緒に20坪の建物に2人だけの園児から保育をスタートさせました。

何もないところで、必要な物を持ち寄りながらの保育でした。無認可保育園だったので財政的にも厳しいなかで、問題に突き当たるたびに親御さんとともに「今、この子たちにとって何が大切なのか」を考えました。常に「子どもを真ん中にして」という思いを大切に歩み、さまざまな困難を乗り越えてきたのでした。

開園から10年が経った頃、無認可保育園の保育料に消費税がかけられるという大

どんぐり保育園外観

どんぐりっこ保育園外観

きな問題が起こりました。このため、無認可保育園にだけ莫大な金額の支払いが発生することになったのです。それを阻止するために、私たちが立ち上げた「無認可保育所の保育料に消費税をかけさせない会」の運動は全国的な輪となり、ついに消費税をかけることは廃止になりました。そうした流れの中で2001年に社会福祉法人の認可を取得し、どんぐり保育園は認可保育園となったのです。

さらにそれから10年ほど経過すると、今度は「どんぐり保育園に入りたいのに定員の空きがなくて入れない」という新たな問題が発生してきました。そんな「どんぐり保育園に入りたい」と願う親御さんの熱い要望を受けて、2012年にどんぐり保育園の姉妹園として「どんぐりっこ保育園」が開園しました。

現在はどんぐり保育園が定員75名、どんぐりっこ保育園が定員50名です。生後2ヵ月の赤ちゃんから就学前までの子どもたちを保育しています。

どんぐり・どんぐりっこ保育園の給食

どんぐり・どんぐりっこ保育園の給食の様子を見てみましょう。

年長さんは土手まで散歩に行っていて、まだ帰ってきていません。年中さんや年少さんは園庭で泥んこになって遊んでいます。そんな中、11時前になると1歳児と2歳児の子どもたちが給食の準備を始めたようです。大人たちが並べた机のところに、小さな子どもたちがえっちらおっちらと自ら椅子を運んできます。

メニューは「おひたし」「煮物」「焼き魚」「味噌汁」「ご飯」など栄養バランスのとれた和食が中心です。うちの保育園では、「12時に全部のクラスで一度にいただきます」ということはしていません。それぞれの月齢でお腹が空くタイミングやお昼寝に入る時間が違いますから、それに合わせた生活リズムで給食を提供しています。

0歳児クラスの赤ちゃん組は10時半頃から給食を食べ始めていましたから、一足先に食べ終えようとしているところです。赤ちゃん組の離乳食の様子を見たら、たいていの親御さんたちは驚きます。まだ0歳や1歳過ぎの赤ちゃんたちが、おひたしやら人参、大根の煮込みなどを手づかみでムシャムシャと自ら食べているのですから。

手づかみ食べを実践しているとは知らずに入園前の見学に来られた親御さんたちは、「赤ちゃんなのに自分で食べるのですか？　食べさせてあげないのですか？」と言って目を丸くします。一方、父母参観に来た親御さんたちは「うちの子、こんなに食べられるんですか？　うちではこんなに食べないのに！」と驚くのです。

なぜ食べ方がたいせつなのか

うちの保育園で手づかみ離乳食から食べている子は、まず偏食や小食にはなりません。どの子もバランスよく、ある程度の量をしっかり食べられるようになります。

ところがよく見てみると、食べずにじっと座っている子が１人だけいます。途中入園で、今月から保育園に入園してきた子です。

保育園は小学校や幼稚園と違い、親御さんの職場復帰のタイミングで途中入園する子がたくさんいます。４月から足並みをそろえて全員が入園するわけではありません。ですから、入園するタイミングによっては、この保育園にも手づかみ離乳食を経験していない子がたくさんいるわけです。

うちの保育園の離乳食を知らない子たちは、赤ちゃんの頃から「あーん」とお口を開けて大人に食べさせてもらってきました。それがごく一般的な育児ですから、当然そうなるわけです。「わーい、ご飯だ。おいしそう！」と言って入園早々から積極的に食べられる子どももちろんいますが、残念ながら最近はあまり多くありません。赤ちゃんの頃に手づかみ食べをしてこなかった子は、いきなり自分1人で食べなさいと言っても無理があるようです。すっかり食に対して受け身の姿勢が染みついていますし、好き嫌いがずいぶんと出てきてしまっていますから。一度身についてしまった食に対する受け身の姿勢というのは、あとから取り戻すのは大変なことです。ところがそうした問題点を親御さんにお話しすると、みなさんキョトンとされます。それの何が問題なのか、わからないようです。

ですから今回、山口平八さんとの対談が実現するにあたって、まずは手づかみ食べの大切さからお話しいただこうと思います。

食べることは生きること

清水　うちの保育園では、離乳食期から手づかみで自ら食べるということを大切にしています。発達理論についても勉強され、追究してこられた山口さんは、「手づかみ食べ」についてはどうお考えですか。

山口　ぼくも、ある時期の子どもにとっては大切なことだと思っています。子どもの意欲を引き出すし、手指などの機能も向上させます。やがて芽吹いてくる自立心を育てていくためにも、手づかみ食べは非常に大切なことだと思っています。

清水　ありがとうございます。しかし、こうした赤ちゃんの手づかみ食べを「お行儀が悪い」とか「保育士がちゃんと食べさせてあげればいいのに、赤ちゃんがかわいそうだ」と感じる人もいるようなのです。うちの保育園でも、実際に親御さんからそういう意見が出たことがあります。

山口　確かに、そんな親御さんも多いかもしれませんね。清水さんはどういう思いで手づかみ食べをさせていますか。

清水　先ほど山口さんもおっしゃったように、「子どもたちが生まれながらに持っている意欲を尊重したい」という気持ちから手づかみ食べを実践しています。自ら食べ物を口に入れるということは、その子の意欲だと考えているのです。口をあーん、と開けて食べ物を入れてもらうのを待っているのは、決して主体的ではありませんよね。食べることは生きることと言われるように、食と向き合う姿勢はその人の生き方に反映されます。だからこそ、意欲を削《そ》ぐ「汚しちゃダメよ」ではなくて、「自分で食べて偉いね」と声をかけてあげたいと考えているのです。そうすると赤ちゃんはまだスプーンが使えませんから、結果的に手づかみ食べの離乳食になりました。

山口　そうですね。ぼくもまったく同感です。人間だけじゃなくて全ての動物がそうですが、「食べる」ということは「生きる」うえでの根源的な行為です。また、発達の基《もとい》だと言ってもいいと思います。それなのに大人たちは「子どもに何をどれだけ食べさせるか」には気を配っても、「自分で食べるようにする」ということにはあまり配慮できていないのではないかと思うのです。とりわけ離乳食期の子どもたちにそのことを強く感じます。

もちろん、バランスがとれた栄養は大事です。「でも生きるためにはそれだけじ

手づかみ食べは子どもの意欲の現れ

ゃないでしょ」ということなんですよね。ぼくも親御さんたちの集まりに呼ばれて話をすることがありますが、なかなかわかってもらいにくいです。

手づかみは自立への第一歩

清水　私は長い間、手づかみ食べの離乳食を実践してきました。毎年新しい０歳の赤ちゃんが入園してきては、手づかみ食べで、もうめちゃくちゃに汚します。でも手づかみで散々汚す赤ちゃんを注意するのではなくて、笑顔で片づけ続けてきたのです。

一般的には親も保育士も、「汚されたら片づけるのが大変」という大人たちの都合が先にきてしまっています。赤ちゃんが持つ「自分で食べたい」という意欲を無視してしまっているように感じるのです。

山口　手づかみ食べは、ある面で言えば「自立への第一歩」だと言っても良いかも知れません。食べるということは命を保つこと、命を守り育てることじゃないですか。その自分の命を守る「食べる」という活動を「自分でやるんだ！」という一歩が始まることだと言えます。今の親御さんたちの多くは、それをやらせていないんですよね。「汚いからダメ」とか、「こぼすからやめて」とかで。

清水　本当にその通りだと思います。そうやって「自分で食べたい」とせっかく芽生えてきた意欲を、大人たちは気づかないうちにつぶしてしまっているわけです。

山口　手づかみ食べは「自分でやる！」という自我が成長していくうえでも非常に大切なんですよね。初めて「自分で！」という意識が生まれ、自我や意欲が育っていくこの時期に「それはダメ！」「やめて、散らかるでしょ！」などとやられると、子どもはいつも「自分」が否定されることになります。すると自分に自信がない子、自分のやることに価値が見出せない子になっていきます。初めて自分の意思でやろうとすることを、一番信頼するお母さんや保育士さんに否定されるわけですから。お母さんはただ子どもにきれいに食べさせたいと思っているだけなのでしょうが、図らずも子どもには自分を否定するメッセージになってしまっているのです。

食事のとき、熱い飲み物や食べ物、危険な物は大人の注意が必要ですが、「まだ食べ方が下手だから」「汚くするから」といって、子どもが手を出すのを止めるのは良いことだとは思いません。

清水　そうやって手づかみ食べを否定してしまうと、発達のうえでも何かしらの問題が出てきますよね。

山口　そうです。「あなたがすることはダメ」「お母さんがやるほうがいいの」「大人が敷くレールにちゃんと乗りなさい」などというメッセージを受けながら育っていくわけですから。こんな子は年長になって折り紙が折れるようになったときにも、きれいに折れているのに自分が折ったものには自信が持てません。お母さんが折ったものが良く見えて、保育園に行くときはお母さんが折ったものを持っていったりします。自分に自信がないと、日常的な遊びや生活においても自主性や主体性に欠ける子になるのです。1歳を過ぎてもお母さんが差し出す物を「あーん」と口を開けて食べてきた子に、こんな子が多いように思います。

手の指は突き出た大脳

清水　最近は知育とか早期教育がブームのせいか、うちの保育園に見学にくる親御さん方もしつけに熱心な方が増えているように思います。だから手づかみ食べを見ると、困ったような反応をする親御さんがいるのです。

でもね、手の指は「突き出た大脳」と言われるくらい、脳の発達に大切な部分なのです。その指を使って食べるということは知的な発達につながりますから、時期がくればこぼさずきれいに食べられるようになります。あまり発達を焦らずに、もっとじっくり待ってもらいたいなと思うのです。

山口　おっしゃる通りだと思います。手は人間の進化の証《あかし》であり、人間の賢さの象徴です。人間が他の哺乳類《ほにゅうるい》と違うのは、手が使えるようになったからだと言えます。他の哺乳類の前足は、ほとんど移動のためにしか使われていません。でも人間は手が使えるようになったことで物を変化させたり、物をつくり出すことができるようになりました。

他の動物たちは、自然の環境に適応して生きていくしかありませんでした。適応するために、棲《す》み分けをしたりして生命を保ってきました。でも人間は手が使えるようになったおかげで、自然を変えて自分たちの住みやすい場、住みやすい社会をつくり出し、現在の人間社会の繁栄をもたらすに至りました。手を使うことは、考えることでもあったのです。手を使うことで私たち人間は、いわゆる「考える大脳」を発達させ、どんどん大きくしてきました。

こうしたことから、「手は突き出た大脳」と言われたりもするのです。赤ちゃんの手づかみ食べは、まさに知的活動だと言っても良いと思います。目先の「お行儀」だけでなく、後々に食のルールも捉えていくことができる脳の基盤をつくっていっているのだと考えてあげれば良いわけです。

経験が人の内実を生む

清水　お行儀重視、しつけ重視の親御さんは、もちろんわが子が立派な大人に育ってほしいと願ってやっているわけです。子どもの幸せを願ってのことだと思います。でもしつけ重視で子育てをすると、「散らかさないで食べてね」「1歳過ぎたらスプーンの練習をさせなくちゃ」「1歳半には赤ちゃん用のお箸で訓練を始めましょう」と、幼いうちから訓練的になる傾向があります。そうやって訓練的に育ててしまうと、乳幼児期に得るものよりも失うもののほうが多いと私は思うのです。

　自由に手づかみで食べさせていても、最終的にはみんな箸が使えるようになります。大人になったら、箸が使えない日本人なんて見ないじゃないですか。それなのに幼いうちから訓練的に教え込む必要はないと思います。

山口　ぼくもいろいろな子どもたちを見てきました。言語面から言っても、2歳にもなると子どもは言葉が増え、おしゃべりも上手になり始めます。その中でも訓練的に育ってきた子は語彙《ごい》が多く、大人顔負けの言葉を話したりすることがあります。子どもが話しているから「この単語はわかっているのかな?」と思って、実物を見

時期が来れば、みんなお箸が使えます

せて「これ何」と尋ねてみると、きょとんと大人の顔を見て問いに答えられない。そんな子どもたちにもたくさん出会いました。実物や具体的な事象で体験を通してそのものを知り、獲得した言葉でないと、「言葉はしゃべっても中身はわかっていない」ということになってしまうのです。

こうした子は４歳～５歳になると、現実的なことからしゃべり始めてもいつの間にか空想的な話に入り込んでしまったり、うその話になってしまったりしやすいのです。それでも自分の話を聞いてくれる大人とは良く話しますが、現実と現実のぶつかり合いの中で対話する同年代の仲間との話になると苦手で、身を引きがちになります。大人との話でも、具体的なことを尋ねられると黙ったり、茶化したりしてしまいます。子どもが現実社会で仲間たちとともに切磋琢磨《せっさたくま》して育っていくためには、現実を通した経験や、現実を通した言葉の内実をつくっていってあげることが大事なのです。

「スプーンで食べる」「箸を持って食べる」などという技術の面でも同じだと思います。赤ちゃん期にオモチャで遊び、手づかみで食べ、幼児期に泥んこをこね小さな虫をつかむ。こんな手が上手に箸を使う手になっていくのです。

清水さんは保育を通して、そういう「子どもの内実が育っていないな」とお感じになることも多いのではないでしょうか？

清水　そうですね。最近多いなと思います。うちの保育園でも、訓練的に育ってきた子は言葉をよく知っているのです。「あれはナナホシテントウだよね」とか「これはトノサマバッタっていうんだよ」とか。でもそういう子はだいたい、いざバッタが飛びついてくると手をバッと後ろにして逃げてしまいます。一方でそんなことは知らなくても、素早く虫を捕まえられる名人がいるのです。バッタを捕まえるの

テントウムシと遊ぶ園児。幼児期は本物と触れ合う体験を大切にしたい

でも、テントウムシを捕まえるのでもね。ちっちゃい穴があったら、それが何だろうって興味を示すような子です。

幼児用のトレーニング箸を使って訓練的な考えで育てられた子と、手づかみ食べを代表するような自然に育った子は、そういう違いが出てきます。訓練的に育った子は「あれは何とかカエルだよね」とか、よく知っているのです。でも捕まえられない。うちの保育園では種類を教え込むような教育は行っていませんけども、子どもたちがいつもカエルなんて手に持ってお散歩から帰ってきますよ(笑)。そういう元気な子どもが育つのです。

自分から遊びを探せる子に

山口　どんぐりさんのように手づかみ食べを大いにやらせて、大らかに育てられる子たちというのは、楽しいことや遊びを探し出したり、つくり出したりすることが上手でしょう？　うちも、隣に甥《おい》っ子の子どもたちが住んでいます。3歳と4歳なんですけど、しょっちゅう外で遊んでいます。まだ捕れもしないのに「ザリガニを捕るんだ」とか言って大騒ぎしています。うちに来たら、いたずらもするのですがね（笑）。

やはり大人が子どもの意欲を尊重しようという姿勢で育ててきた子というのは、自分で遊びを探し出しますよ、次から次へと。

清水　そうですね。しつけ重視で訓練的に育った子は、自分から楽しみを見つける好奇心が育ちにくいみたいです。

山口　公共の遊び場を見ても、お母さんにべったりくっついて「どう遊んだらいいのかな？」といった感じの子がたくさんいます。社会全体がしつけやお行儀の良さを重視するものだから、遊び方まで大人が干渉してしまうのではないでしょうか。

どんぐりっこ保育園の園児と大人が一緒に作った秘密基地

「あの子はお行儀が悪い」「親がもっと注意しないと」という厳しい視線が、社会全体に広がっているように思います。熱心な親御さんほど、しっかりしつけをしなければと思うのではないでしょうか。

どんぐりさんでは、日頃はどんな遊びをしていますか?

清水　うちの保育園には大きな泥山があって、バケツで運んだ水を頂上から流し、滑り下りたりして楽しんでいます。他にも子どもたちがスコップを持って園庭に一生懸命穴を掘り、トンネルをつなげたりして夢中になって遊んでいます。

園庭には、ブランコやシーソー、ジャン

泥山滑りも園児たちに大人気

園児たちが力を合わせて掘ったトンネル。遊びが非常にダイナミック

グルジムなどの遊具はありませんが、子どもたちは木の枝にロープを下げて、そこに板を置いてブランコにしちゃっています。木登りして枝の中に鳥の巣みたいな秘密基地をつくったりもしています。ああいうことって、ものすごく楽しいんです。

初めてうちの園に来た子はたいてい、何もない庭を見て「先生、何して遊ぶん?」と園庭の真ん中に突っ立っています。「自由に遊んでいいよ」「あなたの好きにしていいのよ」という状況に慣れていないのでしょう。だから手を引いて連れていって、一緒に泥をこねるところからやってあげないと遊べません。

食事は親の考え方を反映する

山口　食事は子育てにおける大きな柱の一つですよね。

清水　子どもがかわいくて、健康に育ててあげたいという思いはいつの時代も、どの親も同じです。そのために「じゃあ、本当にかわいがるということはどういうことなんだろう」ということを、大人がもう一度考え直してほしいと思います。

「子育てはどこに手をかけたらいいのかな」とか、「今、この月齢の子をかわいがるというのは、本当は何をしてあげることなのだろう」とかね。そういうことをもっと社会全体で議論できたらいいですよね。

ともすれば親御さんは、栄養のことを心配するあまりレトルトの離乳食を食べさせたりしています。確かに今はビン詰とかレトルトで、「開ければ栄養バランスが整った食事をすぐに食べさせられる」という商品がスーパーや薬局にたくさん並んでいます。でも「栄養バランスを考える」というのは、そういう市販のベビーフードにお金をかけることなのでしょうか。それとも努力をして、みんなと情報交換しながら野菜たっぷりの手づくりの離乳食をつくってあげることなのか。本当に子どもの体の育ちを考えるなら、レトルト食品を購入するよりもむしろ食材費にお金をかけてほしいと思います。

どんぐり・どんぐりっこ保育園では定期的に開く懇談会でそういうことをみんなでいつも話し合いながら、学習しながら一緒に子どもを育てているのです。

本当の意味で子どもを愛せる親になる

山口　一般の親御さんたちの子どもに対する愛情や労力のかけ方には、私も若干の問題意識を持っています。親御さんたちは一生懸命です。頑張っています。それは認めます。でも、離乳食では親が赤ちゃんに「あーん」と食べさせてやることが愛情だと思っている方が多いのではないでしょうか。その頃の子どもの心に芽生えてきている「自分でやりたい」という自我を大切にして、「散らかるけど、私が片づけるからうんとおやり」と言って育ててあげようというのが本当の愛情だと思うのですが。

「あーん」と育ててきた子は、大きくなってもお母さんや周りの人たちが手伝ってくれることをあてにしがちな子になります。物事に自分から積極的に挑戦する姿もあまり見せてくれなくなります。

一方で「自分で!」が育ってきている子は、1歳近くになると、食べ物を大人が子どもの口に入れようとすると口をつぐんで顔をそむけます。1歳半にもなると、親が食べさせようとしたら「いやだ!　食べない!」と大の字になって怒ります。

	後期	完了期
	10ヵ月〜	1歳3ヵ月〜移行食
	硬いものを取り入れ、そしゃくの力をつける	味覚の幅を広げる （すっぱい、苦いなど）
	そしゃく・おひたし・水煮野菜（土鍋）・タンパク質・白米	後期と同じ
	おひたし：キャベツ・白菜・小松菜・水菜・みつ葉・春菊・モロヘイヤなどから苦味のあるものを加えて2〜3種 水煮野菜：中期と同じ タンパク質：白身魚・とりササミ・豆腐・高野豆腐・しらす・脂身の少ないもの 主食：軟飯	おひたし：後期と同じ（しょうゆ、青のり、おかか等） 水煮野菜：後期と同じ タンパク質：1歳児クラスと同様のおかず 主食：幼児食と同じご飯
	・発達に合わせて大きさを変える ・手でつかめるように、小さく切りすぎないようにする	
	味：薄味（しょうゆ、塩） だし：中期と同じ	味：味噌・しょうゆ・塩・酢（少量） だし：煮干し、かつお節、昆布
	中期と同じ	・そしゃく ・おひたし ・水煮野菜（いもを含む） ・1歳児と同様のおやつ ・旬の果物少量（バナナを除く）
	・水煮野菜やおひたしの大きさ、硬さを変化させていく時期 ・お座りが安定したら、椅子に座って食べる ・スプーンを添える ・噛みきれるように硬さを調節する ・夕食開始	・揚げ物は与えない ・ぐずったり、好き嫌いが出やすい時期。手をかけた調理や言葉がけで食べる意欲を引き出す ・完了の時期ではあるが、個人差も大きい時期。子どもの様子を見て、中期、後期に戻ることもある
	・午前 食後1回 120〜160ml	1歳をめどに、様子を見て断乳へ

・牛乳、卵、マヨネーズ、カレー等は2歳をめどに
・国産のもの
・化学調味料は使わない

離乳食の進め方

	開始	初期	中期
月齢	5ヵ月頃	5〜6ヵ月	7〜9ヵ月
ねらい	ミルク・母乳以外の味、舌ざわりに慣れる	素材の味を知る	自ら食べる意欲を育てる
品名	そしゃく※ 水煮野菜（土鍋）	そしゃく 水煮野菜（土鍋）・おひたし	そしゃく 水煮野菜（土鍋）・おひたし
食材	土鍋の中から一品 大根、人参、玉ねぎなどを1品ずつ 1週間〜10日間、様子を見ながら続ける	おひたし：キャベツ・白菜・小松菜・かぶの葉・チンゲン菜など2〜3種 水煮野菜：大根・人参・かぶ・玉ねぎ・じゃがいも・さつまいもなどの中から野菜を2〜3種、いもを1種	おひたし：初期と同じ 水煮野菜：大根・人参・かぶ・玉ねぎ・ブロッコリー・いんげん・じゃがいも・さつまいも・カボチャなどの中から野菜を4〜5種、いもを1種
形状	すりつぶし	すりつぶし〜粒々が混ざる	おひたし：刻みの細かいもの 煮物：手に持てる大きさ 親指と人差し指でつぶせる硬さ
味付け だし	なし	なし	だしのみ（昆布、干し椎茸）
そしゃく	食前に手で持って食べられる大きさ、歯ぐきで噛んでもちぎれない硬さのもの 野菜スティック（人参、ゴボウ、キャベツの芯、ブロッコリーの芯）		
午後食	なし	なし	・そしゃく ・おひたし ・水煮野菜（いもを含む） それぞれ午前食と同じ物を提供する
特記事項	・背骨がしっかりして、抱いたときに腕が上がる ・子どもが自らほしがったときが開始時期 ・機嫌や体調の変化に応じて焦らず、その子に合わせる	・あくのない野菜 ・ドロドロから、少しずつつぶし具合を変えて、粒々を残す ・便の様子が変わりやすい時期	・スティックのまま提供し、子どもが自分の手で持って食べるようにする ・飲み込み具合に気をつける ・素材の種類を増やす ・お座りが安定したら、トッターで食べるようにする ・朝食開始
授乳目安	・午前 食後1回200ml ・午後 子どもに合わせる	・午前 食後1回 ・午後 160〜200ml	・午前 食後1回 ・午後 160〜200ml 減らしていく

※「そしゃく」とは子どもに咀嚼を促すために出すなかなか噛み切れない食材のこと（88ページ参照）

だから親は大変です。でもそれを受け止めてあげるっていうのが、本当の愛情なんだと思います。

清水　本当にその通りですね。うちの保育園の離乳食は全て手づかみですから大変な部分もありますけど、基本的には家でも実践してもらっているのです。園の保護者のみなさんには「離乳食の進め方」というプリントをお配りして、食材、調理方法、食べ方までかなり細かくお伝えしています。保育園の親御さんは共働きの家庭ばかりですから忙しいでしょうけど、「この保育園の手づかみ離乳食にすると、子どもがいっぱい食べてくれるから頑張れる」と言って実践してくれている方が多いのです。

それ以外にも、親の学習会を毎年何回か開催します。学習会では、「子どもを真ん中にして、一緒に育てましょう」とお話しするんです。預けっぱなしにするのではなくて。だからうちの保育園ではお父さんの出番も多く、大活躍してもらっています。毎年夏場に子どもたちが遊ぶプールをつくるのは、園児のお父さんたちの仕事です。夏場に子どもたちが魚のようになって遊ぶ大きなプールは、園と親が心を

休日に集まって、子どもたちのためにプールづくりをするお父さんたち

大きなプールが完成しました

一つにして子どもたちの成長を見守る姿勢の象徴のようになっています。
そして卒園する頃には、親御さんが「私のほうが園に育てていただきました」と言ってくれることもあるくらいです（笑）。おかしいですよね。でもそういう言葉を聞くと、本当に嬉しく思います。子どもたちとずっと一緒に生きていくのは親御さんですから。親御さんが「子どもの意思を尊重しよう」という姿勢を在園中に身につけてくださったら、それが何よりも子どものためになると思います。

手づかみ食べのさらなる意義

山口　手づかみ食べの意義についていくつか出てきましたが、ここでさらなる意義についてもふれておかなければいけませんね。

清水　はい。何でしょうか。

山口　それは手指の機能そのものの発達と、自分の手で食べることによって高められていく感覚機能の協調性や運動機能の協調性、手指の巧緻性《こうちせい》、認知する力の向上などといった、機能の発達に関することです。

食べ物をつかんだり、食べ物が入った器に手を入れてぐちゃぐちゃした経験がない子を庭で遊ばせようとしても、手や足が土につくと手足をひっこめますよね。泥が手にかかるだけで手を拭う子もいます。これでは遊ぶこともできません。手の指は突き出た大脳だというのに、大脳がしっかり育たないですよね。

清水　そうなんですよね。1歳を超えて保育園に入ってくる子どもの中には、柔らかい芝生の上に置くだけで、体を硬直させて動けなくなる子がいるのです。水遊び、土遊びどころではありません。そんな子を水や土で遊べるようにしていくために、保育士たちは長い期間苦労をします。

山口　手づかみ食べは、触覚を発達させます。それだけではありません。食べ物を手に取って食べることで「見て」、そこに手を伸ばして「触れて」、うまくつかんで口に入れ「味わう」といった動作を繰り返す中で、食べ物と口の距離感や、位置感覚などをつかんでいくのです。最初は食べ物に手を伸ばしても器からはじき出したり、口に持っていってもうまく入れられず鼻や下唇に押し当てます。しかし続けていくことで、次第にうまく取って食べられるようになるのです。

手づかみ食べは「見て」「触れて」「味わう」ことで、感覚機能と運動機能の協調性を育んでいく

また、「見て」「触れて」「味わう」といった一連の動作で、感覚機能の協調性や運動機能の協調性を育んでいきます。「見る」だけでなく、「触れる」だけでもなく、「見て」「触れて」「味わう」といったように、感覚を二つ、三つと協調させていけばいくほど、物事の深みや本質を捉えていくことができるようになるのです。大人だって服の生地を選ぶときに見るだけでわからなければ、手で触れたりして、これは化繊だとか、ウールだとか判断するでしょう。

また赤ちゃんは食べる一連の動作を通して、運動機能の協調性も高めていきます。食べるためには目の動きと手指の動きを協調させなければいけません。手をより自由にしていくには、自分でお座りができなければいけません。

手指の巧緻性も、最初は手のひらで大雑把《おおざっぱ》にしかつかめません。それが親指と人差し指で小さなものが挟めるようになり、次には親指と人差し指、中指でつまめるようになります。こうなると口にも入れやすいですよね。この頃には、深い器に入ったものを片手で器を押さえながら取り出せるようになっているし、コップに入ったお水などは両手で持ち上げて飲みます。スプーンが目の前にあると、柄《え》を持って遊んだり、スプーンに入ったものを食べたりします。

そうした子どもたちの手の延長線上には、「やがて道具を使って食べるようになるぞ!」という意欲の芽がちゃんと生まれてきているのですね。

子どもたちの筆圧が下がってきている

清水　保育をしていても、最近の子は手が不器用になってきているな、と感じるのです。それはすごく心配しています。だからこそもっと幼いうちから手づかみ食べや、泥団子をつくる遊びとかを存分に経験させてあげてほしいと常々思っているのです。

山口　保育からも、手の巧緻性などが育っていない子を感じ取れますか？

清水　もちろんです。指先をしっかり使えるということが、人間の進化の歴史の中でどんなに大切なことか。人間が立ち上がり、手が自由になって、その自由な手でいろいろな物をつくってより人間らしくなってきたのに。その手が十分に生かされなくなっているというのは、とっても心配なことなのです。

山口　具体的にはどういうところで感じますか？

清水　たとえばつい先日、卒園児のお母さんから聞いた話なんですけれど、今の1年生は小学校に入学するときの説明会で、4Bや2Bの鉛筆を持ってくるように指定されるそうです。今の子はみんな筆圧が下がってしまっているから、柔らかい芯でないと線がヒョロヒョロで読めないそうなんです。

山口　昔はHBが普通でしたよね。Bでも少し濃いと思っていました。それが今の子は4Bですか。

清水　うちの保育園では、文字の読み書きは教えません。それを心配していた親御さんがいたんですけど、その人の長男が卒園して１ヵ月くらい過ぎたある日、私のところに飛んできました。「フサ子さん、見てください！」って。

何かと思ったら、学校で配られたプリントを持ってきたのです。そこにはクラスの子どもたちの自己紹介を兼ねて、自分たちで書いた名前がズラッと並んでいました。そうしたら、その子の文字の線は太くてしっかりしていました。お母さんもビックリされていました。

山口　そうでしょうね。手づかみ食べをしたり、全身を使い、手を使って遊びこんできた子とそうでない子とでは違いますから。

第2章 手づかみ食べの準備段階
～生後4ヵ月～9ヵ月・手づかみへの過程～

どんぐり保育園に寄せられた電話

先日、どんぐり保育園に1本の電話が寄せられました。ウェブサイト『丸ごと小泉武夫食マガジン』に掲載された私のインタビュー記事、「子どもの『手づかみ食べ』はなぜ良いのか？」を見たお母さんからの問い合わせの電話でした。そのお母さんは「うちの子は生後7ヵ月ですが、まったく手づかみでは食べようとしません。どうしたらいいですか」とおっしゃいました。埼玉県から遠く離れた九州のお母さんでしたが、手づかみ食べ離乳食を進めるうえでの具体的な方法を聞くために、わざわざ問い合わせの電話をかけてくださったのでした。

インターネットの記事は文字数制限の関係で、話の的を「手づかみ食べの大切さ」にしぼりました。ですから理論はわかっても、実際にどうやったらいいのかがよくわからなかったのでしょう。手づかみ食べ離乳食を知らなかった親御さんたちに、「どうしたらできるのだろう」と関心を持っていただけたことを、私はとても嬉しく思いました。

せっかく問い合わせてくださったのですから、ひと言で「こうすればいいのよ」と極意のようなものをお伝えしたいのはやまやまです。しかし、子どもの発達過程というのは毎日の積み重ねですから、手づかみ食べ離乳食をうまく進めるというのはそう単純なことではありません。赤ちゃんが積極的に手を出さないタイプなのであれば、なおさらです。うちの保育園の保育士も、毎日あの手この手を考えながら離乳食を進めています。

そこで第2章では、手づかみ食べができるようになるための準備段階の時期、だいたい生後4ヵ月から生後9ヵ月頃までの発達過程についてまとめてみようと思います。生まれた直後は寝たままで、手足をバタバタするだけだった赤ちゃんたち。

それがどういう発達過程をたどって、意欲的な手づかみ食べへと発展していくのでしょうか。月齢を追って整理してみましょう。

外の世界に興味を持ち始める

清水　保育園に途中入園してくる子どもたちを見ていても、いきなり手づかみでは食べられない子が多いです。手づかみ食べできる離乳食を用意して「さあ、どうぞお食べ」と言っても、慣れていない子はうまく手が出せません。

手づかみ食べをするための発達過程は、生後何ヵ月頃から始まると山口さんはお考えですか？

山口　やはり発達には順序があると思います。たとえばオモチャを目の前に見せてあげたとして、手を伸ばすようになるのは生後4ヵ月頃からです。4ヵ月に入ってようやく、何か対象物に手を伸ばして「取ろう」とし始めます。でも、うつ伏せになって自分で自分の上半身をしっかりと支えて、オモチャに対して意識を持って手を伸ばす、というのは4ヵ月ではまだできません。

清水　まだ基本的には仰向けに寝ている月齢ですけど、確かに生後4ヵ月頃からオモチャに関わろうという意識を感じるようになりますね。

山口　それが物に手を伸ばしてつかもうとする第一段階かな、と思います。生まれたばかりの赤ちゃんは、手を軽く握っていることが多いです。それが生後3ヵ月頃になると、親指も起きて赤ちゃんの手のひらはモミジのように開いてきます。把握反射という原始的な反射が少しずつ消えてくるからです。この時期に赤ちゃんの手のひらにオモチャを持たせると、把握反射を刺激して赤ちゃんは4ヵ月になっても手が開けません。早く物を持たせたいからと、大人が焦《あせ》って生後3ヵ月までの赤ちゃんに物を握らせるのは禁物です。

しかし生後4ヵ月を過ぎると、オモチャを指先にふれさせてやるだけで赤ちゃんは指を開いてオモチャをつかみ始めます。5ヵ月頃には目で見たオモチャに手を伸ばして、取るようになります。この頃には感覚や運動の協調性も生まれてくるので、手でオモチャをつかむと口に持っていって舐《な》めるようにもなるのです。見た物をつかみ、つかんだものを口に入れる。こんなことができるようになってくると、外の

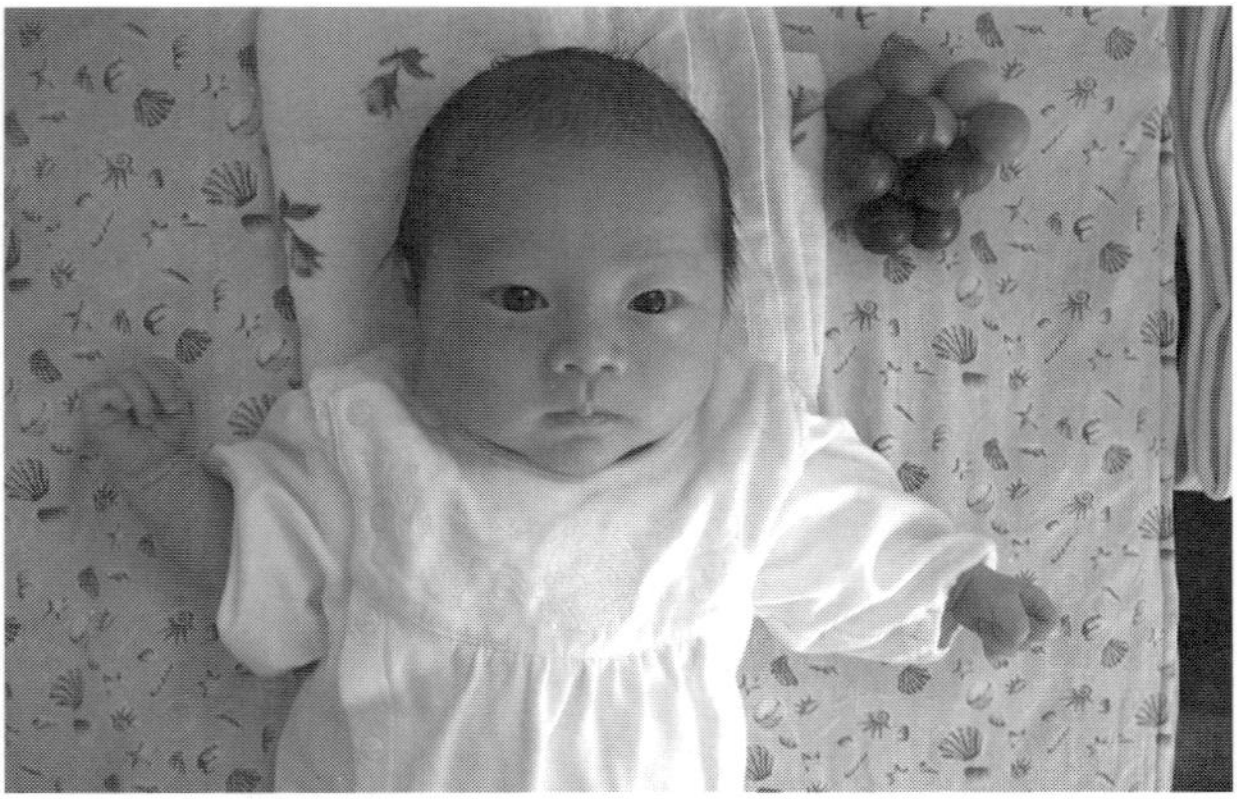

生後２ヵ月頃までの赤ちゃんは、手を軽く握っていることが多い。この時期の赤ちゃんに、無理に物を握らせないように気をつけたい

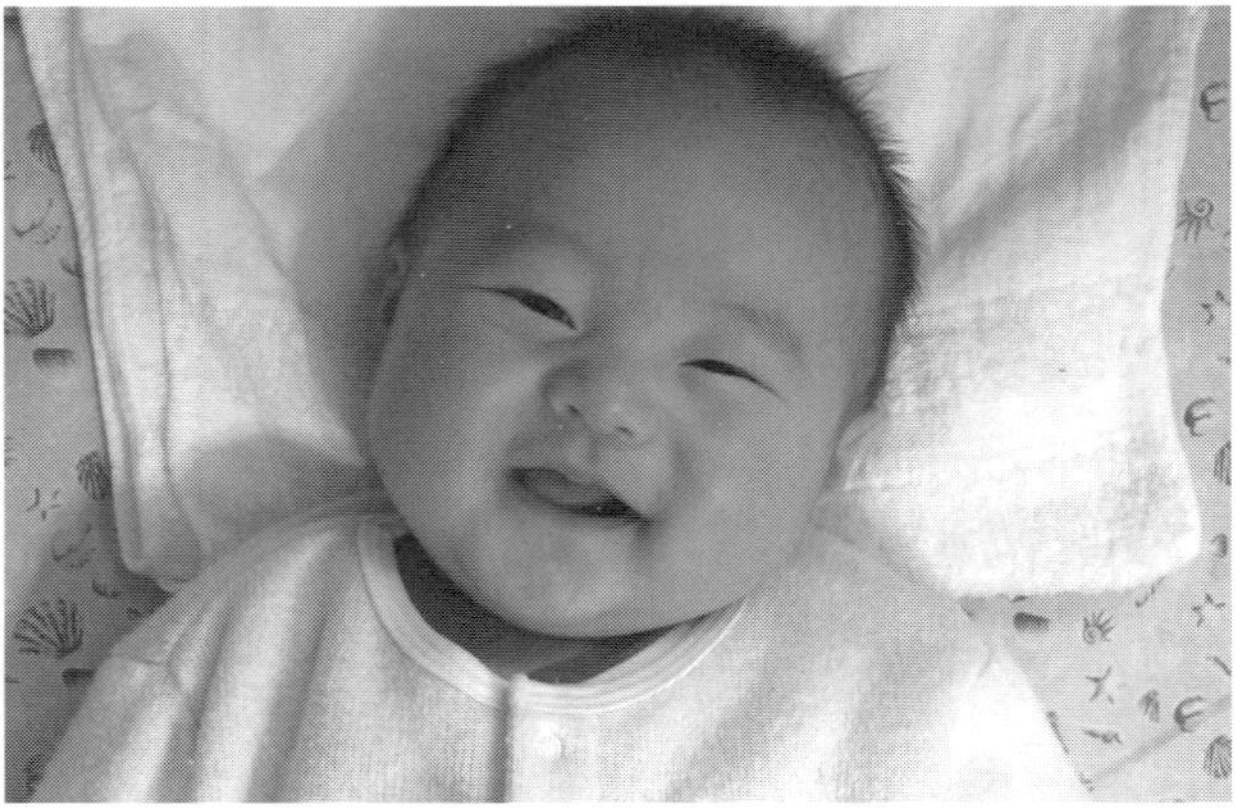

生後3ヵ月頃から「いないいないばー」で声をたてて笑うようになる

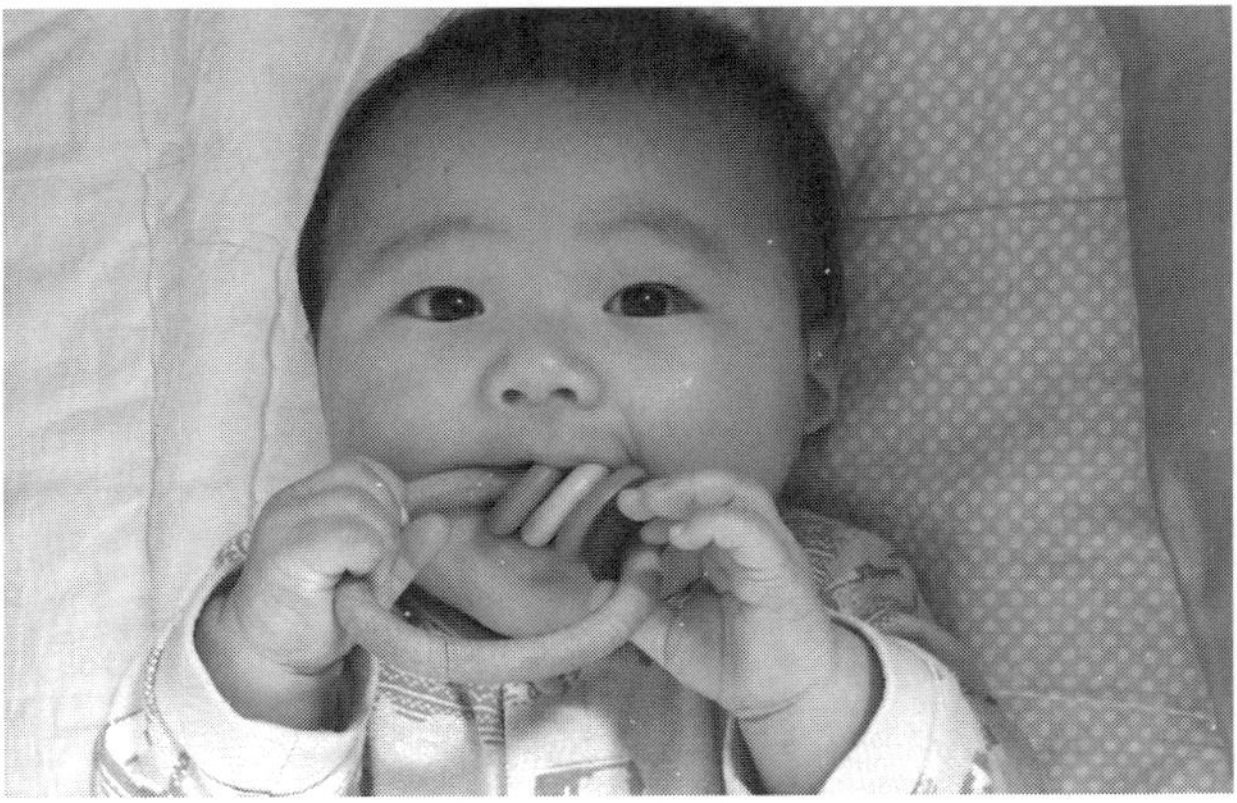

生後４ヵ月を過ぎると、指を開いて物をつかみ始める

世界が深みとして見えてくるようになります。

清水　外の世界が深みとして見えてくる、ですか。

山口　はい。たとえば生後3ヵ月頃の子に「いないいないばー」をすると、声をたてて笑います。ひげづらのおじさんの顔でも、優しいお母さんの顔でも同じように笑うのです。猫の顔でも同じです。ところが、5ヵ月頃の子どもにひげづらのおじさんが「ばー!」とやると、赤ちゃんはその顔をじっと見て泣き出します（笑）。

清水　あはは。そうですね!

山口　ですからスーパーなどに連れていく

と、キョロキョロと見回して怪訝《けげん》な顔をするようになります。いわゆる「人見知り」「場所見知り」の初期の段階に入っていくのです。外の世界が、ほんの少しわかってくるんですね。

外の世界とつながり始める

山口　生後5ヵ月も後半になると、赤ちゃんの目の前で大人が「あーん」と口を開けると、それを見て赤ちゃんも口を開けるようになります。マネッコのようなしぐさが見られるようになってくるのです。

清水　個人差はありますけど、確かにそうですね。

山口　そうです。発達にはかなりの個人差がありますから、平均的な話だと思って聞いてください。

生後5ヵ月後半の赤ちゃんを畳の上にうつ伏せにしておいて、前にオモチャを出して誘うと、指先で畳をひっかくようにガリガリします。気持ちとしては手を伸ばそうとするのですが、「片手で体重を支えて、もう片方の手を自由に前に出す」ことがまだできません。それで畳をガリガリしてしまうわけです。体の自由はまだ利きませんが、この頃から外のものにつながっていきたいという意欲は溢《あふ》れ始めているのです。

清水　外とつながると言えば、一般的には生後5ヵ月頃から離乳食を始めるお母さんが多いですよね。

山口　確かに5ヵ月を過ぎると、赤ちゃんを抱いたまま母親が物を食べていると、赤ちゃんは母親の口元をじっと見て口をモグモグさせたりするようになります。それに5ヵ月頃には視覚や聴覚、触覚などの感覚機能がかなりしっかりしてきます。味覚も同じです。この時期に母乳やミルク以外の味を体験させてあげるのは、開き始めた味覚に対する礼儀でもあるのです。

生後5ヵ月程度の子の離乳食には白湯《さゆ》や、野菜を煮てつくったスープ、重湯《おもゆ》など、液体状のものを少し舐めさせてあげます。柔らかい物を摂れるようにしていくのは、生後6ヵ月以降です。固形物などをあまり早く食べさせると、喉に詰まらせたり、肺に誤嚥《ごえん》してしまったりします。

うつ伏せにすると飛行機のような姿勢になるのは、飲み込む力がまだ弱いという目安。子どもの様子を見ながらゆっくりと進める

肘や手のひらを床について頭を高く上げられるようになると、離乳食が飲み込めるようになる

嚥下《えんげ》（飲み込み）や咀嚼《そしゃく》の力は、その子の運動機能の発達とも大きく関連しています。赤ちゃんを畳の上でうつ伏せにしたときに両手を翼のように宙に浮かせ、全身をのけ反らせて飛行機のような姿勢になってしまう子がいます。これは、まだ両腕の肘《ひじ》や手のひらで上半身を支えて頭を高く持ち上げることができないからです。この状態の赤ちゃんに液体状のものでもスプーンなどで口に入れると、一部が肺に入って咳《せ》き込んでしまいます。肺炎の原因にもなりかねません。ですからこの段階では、スプーンで口に入れてあげる離乳食の開始はまだ早いでしょう。

左右両方の肘や手のひらを畳についてしばらくうつ伏せ姿勢がとれ、頭も高く上げられるようになると、スプーンで口に入れられた物をうまく飲み込めるようになります。と言っても、まだ口に入った半分以上が口の端から流れ出てしまうのですが。

初期の頃の離乳食

清水　確かにその子によって発達のペースが違いますから、一概に「生後何ヵ月になったから離乳食を始めましょう」とは言えないですね。味覚は育ってきていても、嚥下機能があともう少しといった子もいますから。

山口　うつ伏せになった赤ちゃんが、片腕で上半身を支えて他方の手を伸ばし、前方のオモチャを取るようになるのは生後6ヵ月頃です。6ヵ月後半になるとそのオモチャを追って腹這《ば》いで回旋するようになるし、7ヵ月を超えると腹這いで前進する子も出てきます。左右どちらか片腕だけで自由に上半身が支えられるようになり、左右の手や腕を交互に動かして左右前方へと這《は》う運動（いわゆる「ずりバイ」）が始まると、口に入った物が溢れ出ることはぐんと少なくなります。舌を使って食べることができるようになってくるからです。この頃には柔らかくペースト状にした野菜や少し粘り気のある物も食べられるようになってきます。もちろん、最初はうんと柔らかい物からです。それが這う運動が活発になってくる頃には、少し硬めの物も食べられるようになってきます。

「手づかみ」という面ではどうでしょうか。抱っこをして食卓に向かわせると器には手を出しますが、「器の中の物を取る」という意識はまだあまりないようです。器ごと倒したり、落としたりしてしまいます。

生後7ヵ月を過ぎてたまたま器の中に手が入るようになっても、離乳食が柔らかいのでただ手でぐちゃぐちゃするだけです。この頃の赤ちゃんは指先でなく、手のひらでつかもうとするので小さい物などはつかめません。しかしこのぐちゃぐちゃも、手指の感覚や巧緻性を広げていくうえでは大切なのです。

せっかく物に手を出すようになったのですから、これを放っておくことはありません。煮た人参などを持ちやすいスティック状にしておいて、離乳食をあげるときなどに持たせてあげれば良いのです。大きなかけらが口に入ったらまだ取り出してあげなければいけない時期ですから、大人が注意して見ているようにしましょう。

どんぐり・どんぐりっこ保育園では、いつになったら離乳食を始めるとか決まりはあるのですか？

離乳食の開始時期

清水　世間では「5ヵ月になったら始めましょう」「いや、5ヵ月は早すぎます。6ヵ月まで待つべきです」とか、いろいろな意見があります。中には「1歳までは母乳だけでいい」という考え方もあるようですし。

うちの保育園では「何ヵ月に始めます」という決まりはつくっていません。月齢で考えるというより、その子その子の発達状態に応じて考えていきます。未熟児で生まれた赤ちゃんとか、発達にちょっとつまずきがあって順調に来られなかった赤ちゃんとか、いろいろな園児がいるものですから。その子一人ひとりの様子を見ながら、始めます。

山口　とてもいいことだと思います。保育士さんは、子どもの何を見て離乳食の開始を決めるのですか?

清水　大人が食べているのを見ているときに、じーっと見つめながら口からブクブクとあぶくが出る時期があるのです。タラーッとよだれが垂れてきたり。そうなると「そろそろ離乳食の始まりかな」と、私たちは一つの目安にしています。

あとは、その子の体調が良いときに始めるようにしています。季節にもよるのです。変化に敏感な赤ちゃんもいますし、アトピーとか体質の問題がある赤ちゃんもいますから。弱い赤ちゃんは、梅雨どきなどを避けたりします。たいていはその子の様子を見ながら生後5～6ヵ月の間のどこかで進めています。

山口　なるほど。

離乳食の進め方

山口　どんぐり・どんぐりっこ保育園では、最初どんな離乳食から始めますか？　手づかみ食べ離乳食が特徴の保育園だと言っても、最初から野菜スティックを手づかみで食べるわけではないでしょう？

清水　さすがにそれはないですよ。離乳食は初期・中期・後期・完了期に分かれています。完了期の後半は移行食と言って幼児食への前段階が入って、最後に幼児食や普通食へつながります。

うちでは、まずは白湯や野菜スープから始めるのです。お野菜の煮汁を、赤ちゃん用スプーン1杯から始めて様子を見ます。味つけはしていなくて素材の旨味だけのスープですけど、大人が飲んでもおいしいのです。スープが飲めるようになってきたら、柔らかく煮たお野菜をペースト状にすりつぶして食べさせてみます。そのときに、舌をうまく使ってしっかり飲み込めているかを確認するのです。そうやって一つひとつの段階でしっかり飲み込めるようになったら、ようやく固形物のメニューに進むようにしています。飲み込めるようになるまでは、私たちもかなり慎重に見るようにしているんですよ。

山口　そうですか。どんぐり・どんぐりっこ保育園のような、手づくりのスープから離乳食を始めてもらえる赤ちゃんたちは幸せですね。それに離乳食に取り組むと言っても、一足飛びにスティックを食べなさいではないですよね。子どもの様子を見ながら、非常に細かいステップを踏んでおられることがよくわかります。

手づかみ食べをする子どもたちの姿が豪快だから、初めて保育園で見た親御さんたちの中には最初の段階からこのようにやると誤解してしまう人もいると思います。いくら意欲に任せると言っても、やはり最初の段階は慎重に見てあげないと危ないですからね。

清水　うちの園でも、赤ちゃんが初めて食べ物を食べ始めるときは一般の離乳食とほとんど同じです。ただ、一般の離乳食の始め方と少し違う部分もあります。それは「10倍粥《がゆ》などの米ではなく、白湯や野菜スープから始める」という点です。お米の甘味を教えるのは、生後10ヵ月頃からにしています。子どもの味覚を育てるためにも、お米の甘味を知る前に野菜の旨味や味の違いをしっかり脳に伝えたいと考えているからです。

山口　偏食する子にならないように味覚を広げ、何でもバランスよく食べられるようにしていくというのも離乳食の大切な役割ですよね。

赤ちゃん用の甘いたまごボーロが食べられるようになったからそれを手づかみさせようなどと言っていると、野菜を食べる子にはなっていかないですよね。

運動量が食欲を育てる

清水　生後5～6ヵ月で、だいたいの子はしっかり飲み込めるようになってきます。それから7ヵ月頃に入ると、どの子もぐっと食欲が育ってくるのです。

山口　生後7ヵ月頃から運動量が倍増してきますから。

清水　運動量は食欲に大いに関係しますね。自分で動けるようになると、途端に食べる量が増えます。柔らかく煮込んだ野菜を、少しずつ食べられるようになってくる時期です。

山口　生後7ヵ月頃から、「ずりバイ」が始まります。ずりバイができるようになった子に柔らかく煮た野菜を握らせると、舐めたり、吸ったりするだけでなく、かじることもできるようになってきます。かじると言ってもまだ歯が揃っていませんから、口をもぐもぐさせながら歯ぐきを使ってかじるような状態です。

どんぐり・どんぐりっこ保育園ではそろそろ煮野菜を食べるということですが、どうやって食べさせますか？　もう完全に手づかみですか？

清水　生後7ヵ月頃から少しずつ手づかみに移行し始めます。でもまだ腰がすわっていませんから、食事の姿勢は保育士が抱っこした状態です。生後7ヵ月頃の赤ちゃんを保育士が抱っこしてテーブルの前に座ると、お皿の上にのっている野菜に向かって手を伸ばすようになってきます。自分から手を伸ばすようになったら、その子の意欲のままに手づかみ食べに移行していく形です。でも生後7ヵ月だとまだしっかり食べられないので、保育士が食べさせてあげる割合のほうが多いですけど。

腰がすわる前は、抱っこで食べる。本人がお皿の野菜に手を伸ばすようなら、その子の意欲のままに手づかみで食べさせてあげる

山口　この頃の赤ちゃんは、すぐにお皿をひっくり返してしまうでしょう。
清水　もちろんやります。バーンと（笑）。
山口　このくらいの時期の赤ちゃんの認識力では、まだはっきりと器と器の中身が分離していません。8ヵ月に近づくにつれて少しずつ分離してくるのですが、野菜とお皿はまだ一つです。
清水　なるほど。野菜とお皿が一つですか。確かにそのように見えます。

雰囲気で判断できるようになる

山口　生後4ヵ月過ぎから人見知りや場所見知りの片鱗《へんりん》が見え始めていた赤ちゃ

んですが、生後8ヵ月頃になると社会性や判断力の芽も育ってきます。大人が赤ちゃんの前でハイハイをしてあげると、マネしてハイハイでついてくるようになるのがこの頃です。

清水　お母さんの後追いが始まって、保育園でお母さんとバイバイするときに大泣きする時期です。生後5ヵ月頃までは、「お母さん行ってくるね」と言ってもケロッとお別れできたりします。でもこの頃になると大泣きするようになるものですから、お母さんが心を痛める時期です。

山口　そうでしょうね。「お母さんが行ってしまって、しばらく戻ってこない」ということが少しずつ理解できるようになりますから。この頃から、雰囲気を見て判断できるようになるのです。

清水　雰囲気を見て判断ですか？

山口　そうですね。最近は、企業でも業務中だけ預けられる保育所ができているようですが、これは病院内保育所の保育士さんから聞いた話です。

看護師のお母さんが白衣のまま保育所にきて、生後8ヵ月の子どもに授乳をし「もう少しお仕事してくるね」と言って子どもを保育士さんに預けても、その子は特にぐずることはなかったそうです。ところがその子のお母さんが、帰り支度をして私服で保育所にきて、「忘れ物をしたからもう少し保育園で遊んでいてね」と言って保育士さんに子どもを預けると、「帰れるはずじゃないのか」とでも言うかのように大泣きしたそうです。生後8ヵ月くらいになると、もう親の服装などを見て「お母さん、また仕事に戻るんだ」とか「お母さん、連れて帰ってくれるんだ」とかわかるようになってくるんですね。

清水　何もわからないようでも、この頃には赤ちゃんはよくわかっているんですよね。

山口　まだ何も話してくれないからわかりにくいですが、赤ちゃんは生後8ヵ月にもなると、身の回りの社会的な状況まで捉えることができるようになり始めているのです。

　生後3ヵ月頃から「いないいないばあで笑う」と先ほどお話しました。それが8ヵ月頃には「もう一回やって」「もう一回やって」と笑顔や声で、あるいはお母さんの顔に手を伸ばすことで要求するようになってくるほどです。

「あーん」で食べる最後の時期

山口　話を離乳食に戻しましょう。生後8～9ヵ月になると、器の中の野菜にしっかり意識が向いてつかみ始めます。お皿の中のお野菜だけをぐちゃぐちゃやったりできるようになります。しかしまだ手の使い方が下手ですから、口の周りにお野菜をぐちゃーと押し付けるような食べ方です。手でつかんだ食材の半分以上は、口に入らずに落ちてしまいます。まだ手と口を上手に協調させて食べるのは難しい時期なのです。

清水　そうなんです。ですから必要量を手づかみで食べてもらおうと思ったら、その2倍以上の量の離乳食を用意するようにしています。落ちてしまうことを、最初から計算に入れてつくらなくてはいけない時期です。この時期の子の離乳食は、土鍋いっぱいに野菜を煮ます。

山口　なるほど。どんぐり・どんぐりっこ保育園はそのあたりの成長過程を理解し

この時期はこぼしてしまうことを前提に、多めに野菜を煮る

たうえで、きちんと対策をとっているのですね。

子どもが自分の手で自信を持って食べることができるようにしていくためには、この時期を経験させることがとても大切です。こうした食べ方を通して、食べ物と口の位置関係や距離感、手指の巧緻性《こうちせい》、触覚などを育てていくし、広げていきます。

巧緻性と言えば、この8ヵ月頃から、赤ちゃんは親指と人差し指で小さな食べ物も挟むことができるようになるのです。それに、食べ物に手を入れてぐちゃぐちゃしている赤ちゃんの指先を見てください。触覚を広げているというより、指先でも食べ物を味わっている感じです。こんな子は偏食になりにくいし、お外で遊ぶ時期になっても「どろんこにふれるのはいや」なんて子にはならないです。

清水 そうです。でも一般のお母さんたちにとっては、「どうせ落としてしまって、食材が無駄になってしまうから」「食事中に手を出していたずらをしてしまうから」と思って、手づかみ食べを止めてしまいたくなる時期だと思います。

山口 「手づかみ食べの準備段階」という意味では、生後8～9ヵ月がそれに導くか否かの大切な時期なのかもしれません。実際、生後8～9ヵ月頃までなら、どんな赤ちゃんでも「あーん」とすれば食べてくれるのです。だからと言って、ここで赤ちゃんが食材に伸ばす手を振り払って「あーん」と食べさせるだけではいけないのです。十分に食べ物にふれたり、つかんで食べる機会も保障してやらなければいけません。この段階で「離乳食はお母さんが食べさせてくれるもの」としてしまうと、次の段階で、「自分でやる!」と芽吹いてくる自我の発達は抑えられてしまいます。

順調に自我が育つと、生後10ヵ月を超えた頃から「自分でやりたい」が強まってきます。するとお母さんがスプーンで食べさせようとすると、赤ちゃんは口を閉じて、顔をスプーンから背けるようになるはずです。こんなことから、生後9ヵ月頃はそろそろ「自分で！」の手づかみ食べに移行していく最終的な準備期と言っても良いかもしれません。

手づかみ食べを強制しない

ここで、老婆心かもしれませんが、私たちの対談を手にしてくださる読者のみなさまに注意していただきたいことがあります。赤ちゃんが8ヵ月から9ヵ月と言えば、まだ離乳食はおもに大人が食べさせてあげる時期です。離乳食だけでは足りず、母乳やミルクを足す必要もあります。ですから、「何が何でも手づかみで食べさせなければいけない」と、手づかみ食べを強制しないでください。かえって手づかみ食べがストレスになってしまうからです。まず抱っこやお座りでお母さんと一緒に離乳食を食べているときに、赤ちゃん自身も食べ物に手が出せたり、口に入れたりできる環境をつくってあげてほしいのです。

器から取り出すことが、まだ下手な7ヵ月児には、野菜スティックを手に持たせてあげても良いでしょう。そうすれば赤ちゃんがそれを口に入れている間、お母さんも赤ちゃんを抱きながら自分の食事が摂れますよね。食事のときにこんな環境をつくっていくと、赤ちゃんは10ヵ月頃から「自分で！」が始まり、自我が芽ばえてくるのです。手づかみ食べも子どもにとって、楽しい活動の一つだと考えて取り組んでください。

手づかみ食べに必要な条件

8～9ヵ月の赤ちゃんの四つ這いやお座りと、口の機能の関係についても簡単にお話しします。

先ほど私は、「赤ちゃんがうつ伏せで上半身を左右の腕に交互にのせることができるようになると、舌を使って食べることができるようになる」とお話ししました。その力は、うつ伏せでの回旋運動や、ずりバイ運動などで一段と高まっていくのです。ずりバイ運動も生後7ヵ月の後半から8ヵ月になると、スピードが出てきます。このときの赤ちゃんの腕を観察してみてください。赤ちゃんはずりバイをするとき、

生後8ヵ月頃のずりバイ。この頃に噛み噛みができるようになる

大人がほふく前進するように肘を床につい て這ってはいません。肘は床から浮かせて、手のひらで這っていることに気がつくはずです。

このように腕を突っ張り、手のひらで上半身を支えて移動できるようになると、顎《あご》の上下運動、すなわち「噛み噛み」をすることができるようになってきます。ですから、7ヵ月後半あたりから、野菜スティックなどを歯ぐきで噛み取るようなこともできるのです。

これが強まって持続的な上下運動になるには、四つ這いが必要です。大人でもそうですが、四つ這いの姿勢になって上半身をゆっくり両腕にのせていってみてください。顔面の筋肉が緊張してくるのがわかると思います。赤ちゃんは四つ這いを通して、顔の周りの筋肉を強めていくのです。

「あまり四つ這いしないで歩き出した」という子や、「赤ちゃん期にはベビーチェアに座らされて、ずりバイや四つ這いをあまりさせてもらえなかった」という子は噛む力が十分に育ちません。そういう子は2歳、3歳になっても食べ物が口に入るとチュウチュウ吸っていますし、するめなどの硬い物を噛むのは苦手です。中には噛むのが苦手なあまり、食べ物を丸のみしてしまう子もいます。ですから噛む力をつけるには、四つ這いが盛んになってくる9ヵ月頃がとても大切な時期です。

また四つ這い期に入ると、自分でお座りができるようになります。これも人の手を借りずに手づかみ食べができるようになる条件の一つです。

ひと口に「手づかみ食べ」と言いますが、それをやれるようになるには外の物に関心や興味を持って次々に身近なオモチャや紙切れなどに手を伸ばし、それをつかんで遊べるようになること。周りの人たちのしぐさに興味を持ち、一緒に遊べること。腕に体重をかけて腹這いや四つ這いをいっぱいすること。こうしたさまざまな

腰が持ち上がった「四つ這い」を通して、顔の周りの筋肉を強めていく

発達のプロセスが、その基礎には必要なのです。どんぐり・どんぐりっこ保育園はこうした基礎的なことを十分に保障しているので、どの子もたくましい手づかみ食べができるのだと思います。

第3章　手づかみ食べの実践方法
～生後10ヵ月頃から1歳過ぎまでの発達過程～

どんぐりっこ保育園の給食室

どんぐりっこ保育園では、子どもたちが元気に遊び回るホールの真ん中に給食室があります。遊んでいる子どもたちから調理している様子がよく見えるように、給食室の壁は一面ガラス張りです。保育園の園舎を設計するときに、私たちのこだわりとして給食室の床だけ20㎝ほど下げてつくりました。こうすることで調理スタッフとホールで遊ぶ子どもたちの目線の高さが揃うだけでなく、まな板の上で切っている食材や煮込んでいる鍋の中身まで、子どもたちからよく見えるようになるからです。

ホールからよく見える、どんぐりっこ保育園の給食室の様子

給食は毎日、一から手づくりします。食材も買いだめはしません。野菜は近所の契約農家から旬の食材が届きますし、肉や魚も毎朝、肉屋さんや魚屋さんが配達してくれるしくみです。お米も同じです。地域の契約農家から、安全なお米を仕入れています。冷凍加工食品はいっさい使いません。

そこまでして食にこだわるのは、幼少期が子どもの体をつくる大事な時期だと考えているからです。給食室を中心にして園舎を設計するほど、私たちは食を大切に考えているのです。

ホールでリズム遊びをする子供たちと、その奥に見えるガラス張りの給食室

ホールに漂ういい匂い

　どんぐりっこ保育園の、一般的な午前中の流れをご紹介しましょう。朝9時頃には、その日に登園してくる全ての子どもが揃います。それからホールで職員が弾くピアノに合わせて、保育園の日課となっているリズム遊びを行います。リズム遊びをしながらふと給食室のほうに目をやると、赤ちゃんの離乳食にする野菜がグツグツと煮込まれているのが見えるわけです。

　リズム遊びを終えて、子どもたちが自由に遊び始めました。園庭で泥遊びをしている子もいれば、散歩に出かけるクラスもあります。午前中はどの子も体をいっぱいに

小さい子たちは主に園庭で泥遊びなど、午前中は自由に遊びまわる

体力がついてきたら、散歩で園外に出かけることもある

使って、存分に遊びます。調理スタッフは子どもたちが元気に遊び回るのをほほえましく眺め、このあとこの子たちがおいしそうに食べる姿を想像しながら調理を進めるのです。

給食室では子どもたちの月齢に合わせて、時間を見計らって調理をしています。子どもたちが遊び回ってお腹が空いてきた頃、ちょうどホールにはおいしそうな匂いが漂ってきます。すると視覚や嗅覚が刺激され、食欲を感じるのです。

ほら、土鍋でコトコト煮込まれた野菜が、赤ちゃん部屋に運ばれていきました。

「自分で食べたい！」を尊重する

山口　生後10～11ヵ月になると、「自分で食べたい！」という思いが出てきます。今までの食に向かう様子とは違って、それはとても強い思いです。たとえば離乳食のときに赤ちゃんにスプーンであげようとすると、そのスプーンの柄《え》に手を伸ばし、自分で食べようとします。その手をなんとか避けて食べさせようとすると、今度は口をつぐんでそっぽを向きます。そして大人が食べさせようとしているそばから、自分で手を出して食べ始めます。もしも、その子どもの手を払って大人が子どもの口に入れてしまうと、それを口から出してでも自分で食べるのです。この強烈なまでの「自分で！」が、完全に手づかみ食べに移行するサインだと言えます。

清水　手づかみ食べを知らないお母さんたちが、いちばん困る時期ではないでしょうか。「最近いたずらや遊び食べがひどいわ」と、多くのお母さんが悩み始める時期だと思います。こんな赤ちゃんが自分で食べられるとは思いませんから、いたずらして食べ物で遊んでいるように見えてしまうでしょう。

山口　いたずらをしているように感じるのは無理もないと思います。1歳前はまだ食器を落としてしまう時期ですから、この頃の赤ちゃんの世話をする保育士さんは大変だと思います。どんぐり・どんぐりっこ保育園の保育士さんはこの時期の「自分で！」を受け止めてあげるために、何か工夫などはしているのでしょうか？

清水　そうですね。うちの園では食器はプラスチックではなく、お皿も茶碗もコップも、全て陶磁器を使っています。赤ちゃんがちょっと投げたり落としたりしたくらいでは割れないような、しっかりしたつくりのものです。

それから、赤ちゃんはお皿の中の野菜も落とした野菜も関係なく口に入れますよね。私たちは、それをとがめません。「お皿から落ちた物は食べない」というお行儀のしつけなら、もっと大きくなってからが適切です。衛生面を気にするなら、むしろ落とした物を食べても問題がないようにテーブルの上を常に清潔に保つべきだと思います。私たちはこの時期の赤ちゃんにとっては「テーブル全体がお皿だ」と考えるようにしているのです。テーブルごと水道で水洗いしたり、外に干して日光消毒をするなど、テーブルを清潔に保つ工夫はいろいろありますから。

ご自宅でも「テーブル全体をお皿だと考える」を実践していただきたいという思いはありますが、なかなか難しいようです。しっかり実践している園の親御さんに話を聞いたところ、みなさんそれぞれの工夫をしています。最近は赤ちゃん用の椅子で取り外しできるテーブルが付いている商品があるそうで、食事が終わったらそれを取り外して丸洗いしているご家庭もあるようです。それだとまさに「テーブル全体がお皿」になりますね。そういう椅子を買うなど、ハード面を整えられるとだいぶ楽になるようです。でもこうした椅子やテーブルは、子どもの自由な意思や行

テーブル全体がお皿だと考える

動を束縛しないかという心配もあります。

主人公が変わり始めてくる

山口　なるほど。自宅用にはいろいろと便利な商品が出ていますが、使用にあたってはしっかりと吟味しなければいけませんね。

清水　そのようです。テーブルが取り外せる椅子を持っていても「いたずらしないの！」と叱って食べさせるお母さんもいますし、特別な椅子は持っていなくても存分に手づかみ食べを実践するお母さんもいます。ですからお母さん自身が子どもの手づかみ食べの大切さを理解してもらえたら嬉しいです。

山口　手づかみ食べで食べられるようになる生後10～11ヵ月頃には、生活や遊びの面でもさまざまな変化があります。

たとえば生後8～9ヵ月の頃は、大人がハイハイしてあげるとマネしてハイハイしますが、「待て待て――！」と言って追いかけても子どもは逃げません。それが10ヵ月を過ぎた頃には、嬉しそうに逃げ始めます。これまでは大人のマネが楽しくてお母さんを追いかけていたけれど、今度は「自分が先に逃げるからお母さんが自分を追いかけておいで」とでも言うかのように、にこにこ顔で大人の先を這《は》うようになるのです。このように10ヵ月過ぎには、遊びなどで主客の転換が見られるようになり、子どものほうが遊びの主人公になり始めます。

そして食事でも他の生活面でも「自分でやりたい」という欲求、いわゆる自我が生まれて「人に食べさせてもらうより、自分で！」が始まるわけです。

清水　生活の様子を見ていると、食事とつながっているのがよくわかります。意欲的な遊びが広がる10ヵ月頃から、食べることもだいぶ上手になってくるでしょう？

山口　確かにそうですね。生後8～9ヵ月の頃は、つかんだ食べ物の半分以上を落

生後10ヵ月になると、3本の指で食材をうまくつまめるようになる。こうなると、手づかみでうまく食べられるように

としてしまいます。しかしそれでも手づかみ食べを続けていると、生後10～11ヵ月になる頃には手につかんだ食べ物のかなりの部分が食べられるようになっています。

器に伸ばした子どもの手先を見てください。これまでは食べ物を手のひらでつかんでいたのに、親指と人差し指、中指をうまく使ってつまむことができるようになっています。こうなると、口にも入れやすいですね。食べ物を握る力も、硬さや柔らかさに応じて少しずつ調節ができるようになり、むやみに食材を握りつぶすことも減ってきます。ここまで手指が発達すると器の中の小さなかけらでも取れるようになるので、離乳食がどんなメニューであってもある程度手づかみで食べられるようになります。「手の指は突き出た大脳である」ということをあらためて実感できる時期でもありますね。

清水　逆に心配なのが、この頃は小さい物を誤飲しやすくなること。ですから、より一層の注意が必要になる時期でもあります。

山口　ああ、なるほど。そうでしょうね。ビー玉のような小さな物でもつまんで、何でも口の中に入れてしまいますから。

手づかみ食べ離乳食のメニュー

山口　どんぐり・どんぐりっこ保育園の手づかみ食べ離乳食では、具体的にどのようなメニューを赤ちゃんたちに食べさせているのですか?

清水　まずご飯を食べる前に、咀嚼《そしゃく》を促すためになかなか噛みきれない食材をあえて出しています。私たちの保育園では、こうした食材を「そしゃく」と呼んでいます。お腹が空いていますから、子どもたちはそれらをよく噛むのです。それで顎《あご》の発達を促します。具体的には少し硬めに茹《ゆ》でたゴボウ、人参、キャベツの芯、ブロッコリーの茎などが多いです。

山口　お腹が空いているときなら一生懸命噛むでしょう。

清水　はい。もうガシガシと噛みますよ。毎日最初に「そしゃく」を出すことで、どんな食材も噛みきれる顎の力を育てることが目的です。「そしゃく」の次は、「おひたし」を出します。甘いお芋やお米を先に出してしまうと、そっちばかり食べてしまいます。ですから「そしゃく」の次は、キャベツ、白菜、小松菜、春菊など葉物野菜のおひたしです。

山口　春菊も食べますか？　あれは赤ちゃんが嫌がりそうな味ですけど。

清水　そうですね。1歳を過ぎるまでは入れませんが、離乳食の完了期に入ったらあえて苦味のある野菜も少しずつ取り入れるようにしています。生後15ヵ月頃からでしょうか。意識して食材や味覚の幅を広げていくことが、離乳食では必要だと考えているからです。

どんぐり・どんぐりっこ保育園の1回の食事例／1人分
（1歳すぎのメニュー例）

おひたしの次は、土鍋で煮た野菜スティックが登場します。煮野菜の内容は、大根、人参、かぶ、玉ねぎ、ブロッコリーなどの野菜を4～5種類と、じゃがいも、さつまいも、カボチャなどの芋類を中心に1種類です。この頃はまだ素材本来の味を伝えて味覚を育てたい時期なので、昆布だしでコトコト煮るだけで本当に薄味です。それでも子どもたちはよく食べます。

親御さんたちは、保育園でのわが子の食事の様子を見るとみなさんビックリするのです。「うちの子、あんなに食べるのですか!?」って。たとえば人参なら1

本を4分の1に切って煮ます。それをペロリと食べてしまって、2つくらいはあっという間に食べます。ですから1回の食事で人参なら1本を半分に切ったくらいの量を食べることになりますが、それだけではありません。同じ食事で大根も同じくらいの量を食べますし、玉ねぎなら半分は食べます。じゃがいもなら1個丸ごと食べますよ。

山口　それはすごい量ですね。市販の離乳食はあんなに小さいのに。

清水　もちろん、こぼしてしまう分も入っています。でも、市販の離乳食はやはりうちの園児たちにとっては物足りないのではないでしょうか。

煮野菜を食べたら、いよいよ子どもたちが大好きなタンパク質が登場します。タンパク質はアレルギーの心配がありますから、白身魚、とりササミ、豆腐などの、アレルギーを起こしにくい食材を少量から慎重に与えるようにしています。そして最後に柔らかめに炊いた白米を食べて、ごちそうさまです。

それだけ食べても、うちの園に肥満の子どもは全然いません。質の良い離乳食をお腹いっぱい食べていれば、余計な甘いお菓子を食べないで済むからだと思います。

山口　よく体を動かして遊びますしね。それにしてもそれほどの量の食事を、生後10ヵ月程度の赤ちゃんが自分の手で食べてしまうなんてすごいですね。

生活力と食をバランス良く育てる

山口　先ほど清水さんが「生活と食事がつながっている」とおっしゃっていましたが、その通りだと思います。園児たちは思いっきり体を動かして遊ぶからお腹が空くし、ご飯を手づかみで腹いっぱい自由に食べられるから「もっと遊びたい」と、意欲的に活動ができるのでしょう。

清水　最近のお母さんたちは「手づかみは大変だし、お行儀よく食べさせたい」と思って「あーん」と食べさせたり、早いうちからお箸の練習をさせたりと、訓練的に育てます。でも一方で「積極的に遊び、積極的に学べるような意欲を育みたい」とか、「困難があっても自分の力で乗り越えていける強さを身につけてほしい」とも思っているのではないでしょうか。育て方と、育ってほしい人間像に少しズレがあるように感じます。

山口　それは、今の日本の育児や保育全体に言えることなのかもしれません。

清水　そうですね。早期教育についても同じ考え方だと思いますが、子どもの成長過程を待たずに大人が教え込みすぎているように思います。「あーん」と食べさせる段階から、いきなり自分でスプーンを使うとか、自分で箸を使うというのは飛躍しすぎではないでしょうか。その間に「手づかみ食べを存分に保障する」という段階を設けてあげて、子どもの育ちにもっとゆとりを持ってほしいと思います。

山口　訓練的に育ててきた子の前にある日突然、手づかみしやすい野菜スティック煮を出しても、すぐにはモリモリと食べられないですよね。2～3回手に取って口に入れても食べないで、視線は食べ物よりお母さんの姿をじーっと追っていると思います。「いつ食べさせてくれるかな」って顔で、お母さんが手を貸してくれるのを待つのではないでしょうか。中にはお母さんに「食べていいよ」と言ってもらうまで手が出せない子もいると思います。

自宅でも何とか工夫して、保育園と同じように手づかみ食べを実践したい

親が手づかみ食べを受け入れるには

山口　私は子どもがたくましく育っていくうえで、特に離乳食期の手づかみ食べはとても大切だと思っています。しかし、それを親御さんたちに伝えていくのは難しいです。清水さんは、親御さんたちにどう伝えていらっしゃいますか？

清水　難しいですね。中でも初めてのお子さんの場合や、きれい好きのお母さんは戸惑うみたいです。大人の社会の常識で見てしまうとどうしても手づかみ食べは汚く感じますし、自宅の絨緞《じゅうたん》などを汚されるのも嫌なのかもしれません。でも、汚すのはそんなに長い時期じゃありませんから、「本当に一時期なんだから、汚れてもいいように絨緞は片づけて、散らかしても大丈夫な環境を工夫してみては？」とお話しするようにしています。

手づかみ食べの工夫

山口　「手づかみ食べの大切さはわかったけど、どう取り入れたらいいかわからない」という親御さんも多いと思います。

清水　そうですね。それと、入園早々から「大丈夫です。うちは手づかみ食べをさせています」と言うお母さんがいます。よく聞いてみると、普段の食事は「あーん」で食べさせているけれど、赤ちゃんせんべいを手づかみで食べさせているということでした。赤ちゃんせんべいとか、食パンとか、たまごボーロとか。そういう汚れない物限定で少し手づかみ食べをさせているだけで、できていると思っているお母さんもいます。でもそこにはお母さんの「散らかさないで」という願いや視線、操作がありますから、結局子どもの意欲はさほど育たないものです。

山口　ではそういう「やる気はあるけど、うまくできない」という親御さんには、どう説明しているのですか?

清水　やる気があるお母さんは、本当にあともう一歩のところまできています。そういうお母さんには、保育士から言うよりも親同士の情報交換を活発にすることが有効です。だから、赤ちゃん組の親たちで懇談会や交流会を開いて、各家庭でどのように離乳食を進めているか話し合ってもらいます。

山口　なるほど、懇談会ですか。先ほどおっしゃっていましたね。それで意見は活発に出ますか?

清水　だいたいクラスに1人か2人はベテランママさんと言いますか、この保育園に上の子を預けている経験豊富なお母さんがいるものです。ですから、そういうお母さんたちが自分たちの工夫を語ってくれます。

山口　具体的には、今までどのような工夫が出ましたか?

清水　そうですね、聞いてみるといろいろな工夫があるものです。「うちは圧力鍋を買ってから楽になりました。今までは歯ぐきでもつぶせる硬さになるまでコトコト1時間くらい煮込んでいましたが、それが10分でできるようになりました」とか、

「私は夜、子どもが寝たあとで野菜を切って、だし昆布と一緒に鍋に入れるところまでしておきます。それで朝起きたら水を入れて火にかければもうできますから」という意見もありました。今は冷蔵庫が発達して保存が利きますから、毎日煮なくても何とかなるものです。週末にまとめて野菜を煮出したスープをつくって冷凍しておくのも、一つの方法だと思います。

とにかく仕事も、家事も、育児もと全てを頑張ってしまうと、お母さんがつぶれてしまいかねません。手を抜くところは、割り切って手を抜くことも大切です。子どもが小さいうちは多少家が散らかっていても良い、くらいに思わないと。

山口　そうですね。育児中は、家が散らかっていても良いですよね。かえって子どもには良い遊び場かもしれません（笑）。

お母さんが家で何もかもやろうとするのでなく、お父さんと相談して役割分担をし、力を入れていくことと手抜きしていくことをバランス良くすることは子育てにとって大切なことです。

手づかみ食べ離乳食のほうが楽!?

清水　中には「慣れてしまえば、この保育園の離乳食のほうが楽だ」というお母さんもいました。

山口　それはどういうことですか。

清水　そのお母さんは、以前は毎日「今日はどんな離乳食をつくろうか」とメニューを考えるのが大変だったそうです。野菜をみじん切りにしてお肉に入れ込むなど手の込んだ離乳食をつくっているお母さんにとって、毎日の離乳食づくりは大きな負担になっています。それを「あーん」と食べさせてあげて、なかなか食が進まなかったりするのですから大変なストレスです。

それがこの保育園に入園したら、メニューは「おひたし」「煮野菜」「魚を焼いただけ」「ご飯」といったように、ある程度の型がすでに決まっています。だから考えなくて済むので楽なんだそうです。しかも入園したら食べさせなくても勝手に食べてくれるようになったから、もっと楽になったと喜んでいました。そのお母さんの意見では、「食べてくれないイライラよりも、自分でモリモリ食べてくれて汚れた机を片づけるほうがよほど気楽だ」とのことでした。

山口　そのお母さんは、離乳食のやり方を身につけたと同時に、その離乳食を「自分で！　自分で！」と食べてくれるわが子を見て、子どもとの距離のとり方もわかってきたのでしょう。「お母さんの手でなく、自分で！」の手づかみ時期は、母子一体から自我の芽ばえとともに母子分離していく時期でもあるのです。

1歳を過ぎてもお母さんが差し出すものを「あーん」と食べていたら、子どもはいつまでも母子分離ができません。親も子どもから離れられず、子どもがそばにいないと不安になります。最近は子どもより母親の母子分離が問題視されるケースも増えてきています。

清水　本当にそうですね。

第2部

しっかりと食べられる人間に育てる

第4章 手づかみからスプーン、箸へ
～生後10ヵ月頃から3歳頃までの発達過程～

どんぐり・どんぐりっこ保育園の学習会

うちの保育園では、毎年1～2回のペースで親御さんの学習会を開催します。保育園の方針について詳しく説明したり、親御さんたちの育児における心配事を話し合う機会を設けたりするのが主な目的です。

新入園の子どもたちが保育園での生活に慣れてくる5月の平日に、毎年保育参観日を設けます。仕事を持つ忙しいお父さん、お母さんたちも、この日ばかりはわが子の日頃の様子を見るためにお休みをもらって保育園に集まるわけです。せっかくたくさんの親御さんが集まってくれる良い機会ですから、子どもたちのお昼寝の時

保護者の学習会で講演を行う清水フサ子

間を利用してその年1回目の学習会を開きます。
　1回目の学習会のテーマは、毎年変わらず「保育園で大切にしていること」です。新入園児の親御さんたちに、一度はていねいにお話ししておきたいことですし、在園児の親御さんにとっては同じような話になってしまいますが、毎年参加をお願いしています。以前聞いて知っていると思っていても忘れていた部分を思い出したり、去年とは違う部分が心に残ったりするそうです。
　2回目や3回目の学習会が開催される場合は、親御さんたちの要望をもとにして親御さんたち自身が企画します。企画されるテーマは「絵本の選び方」「睡眠の大切さについて」から「調理実習」まで、実にさまざまです。こちらは土曜日に開催されることが多く、一人でも多くの参加を呼びかけています。

学習会で浮かび上がる親たちの悩み

1回目の学習会では、「0歳から5歳までの主な発達過程」を、保育園で実践してきた具体的な例をもとにしてお話ししています。子どもたちの絵なども見せながら、お話しするようにしています。そのあと親御さんたちをグループ分けして悩み事や育児の経験を話し合ったりしてもらうのですが、交友関係を広げる良い機会になっているようです。

グループディスカッションでは「家でも手づかみ食べを実践しないといけないのか?」といった食についての話題ももちろん出ますが、「兄弟げんかに親はどう向き合えばいいか?」など子どもの遊び方やけんかの問題、「夕食を食べるのに1時間以上かかるので寝るのが遅くなってしまう。夕食と睡眠はどちらを優先するべきか？」など生活リズムのつくり方の問題、「妹が生まれてから、お姉ちゃんが自分でご飯を食べなくなってしまい、ママに食べさせてとねだって困る」といった赤ちゃん返りについてなど、子どもの生活面全般に及びます。

私たち保育士はたくさんの子どもたちの成長を見てきたので、ある程度先の見通しを持つこともできます。しかし、特に第一子を育てている親御さんたちは、ややもするとわが子の今の状況が永遠に続くような気持ちになってしまいます。だからこそ、この先の成長過程をお話しして、「安心してね、大丈夫よ」というメッセージを伝え続けてあげることが、私たち保育士の役割だと思うのです。ですから私たちの園では保育士が頻繁に集まり、保育の研修会を開催して情報交換に努めています。

手の延長としての道具

清水　保育園のお母さんから「うちの子は2歳を過ぎてもまだ手づかみで食べてしまいます。やはり手づかみ食べは失敗だったのではないでしょうか？」と聞かれたことがあります。「大人になっても手づかみの人はいないから大丈夫よ」とは言っても、お母さんたちは幼少期の数年の「できる、できない」に対して非常に敏感です。ですから、お箸が使えるようになるまでの過程を山口さんとお話ししたいと思います。

山口　そうですね。2歳になっても手で食べてしまうというその子のお母さんは、おそらく手づかみ食べの時期に、スプーンを子どもの前に置いていなかったのではないかと思います。急に「スプーンを持ちなさい」「箸を持ちなさい」と言われても使えるものではありません。スプーンがうまく使えるようになるのは、1歳半頃からです。しかしその発達の芽は、「自分で！」の手づかみ食べが始まった頃から育ち始めているのです。

清水　「どうせスプーンを置いても、すぐに落としちゃうから」と思って、10ヵ月や11ヵ月の子どもにわざわざ食事のたびにスプーンを用意する親御さんは少ないと思います。それに、スプーンがあるとそれで遊んでしまうこともありますから。

山口　確かに、手づかみ食べ期の子どもたちは、スプーンがあるとそれで遊んでしまいます。食べ物をすくって口に運べるわけではないので、スプーンがあっても無意味なようにも見えます。でもこの無意味に見える遊びに、実は大切な意味があるのです。

手づかみで口に物が入っているときはスプーンを持って離乳食の煮物をつついたり、ご飯をつついたりして遊んでいます。そんなときにお母さんやお父さんが子どもの前で箸を使って食べていると、子どもは一層スプーンを意識するものです。それで煮物やご飯の中に突っ込んだスプーンにたまたま野菜や飯粒がつくと、スプーンを口に入れて舐《な》めとります。しかしこの段階では手に持ったスプーンはまだ道具とは言えず、「手の延長」でしかありません。ですが自分の手で直接対象物に触れるのでなく、「手に持った物で対象物に関わる」という芽が生まれていることに注目したいと思います。

赤ちゃんがスプーンについた物を食べる。これはチンパンジーが地面の蟻穴《ありあな》に棒きれを入れ、くっついてきた蟻を食べるのに似ています。私たち人間は、この「手に持った棒きれ」を道具に変え、発達してきたのです。1歳前後でまだ道具には無縁のように見える子どもたちも、この時期からスプーンにも関わる機会を保障していくと、1歳半頃にはスプーンで食べられるようになってきます。

と言っても、スプーンは出しておいてあげるだけでいいのです。1歳前後の子どもに、スプーンの使い方をあれこれと教え込む必要はありません。何も教えなくても、子どもはそのうち大人のマネをしてスプーンを手にとります。スプーンを器に近づけてもすくえないから空いたほうの手でつかんで食べたり、スプーンを置いて食べたり、いろいろなことをするでしょう。食べるのに夢中になると、スプーンを投げることもあります。でも、こんな経験の一つひとつが道具を使って食べることにつながっていくのです。

清水　放り投げてしまうのはわかっていても、スプーンを置いておくことに意義があるわけですね。

手差しの時期の子どもたち

山口　子どもが「自分で！」の手づかみ食べをするようになるのは生後10ヵ月過ぎ

からだとお話ししてきましたが、赤ちゃん期の子どもの発達にはかなりの個人差があります。未熟児で生まれてきた子どもなどは、１歳になってやっと手づかみが始まるということもあるでしょう。そんな子どもも一つひとつの段階をしっかりと充実させてあげれば、３歳頃には他の子どもたちと同じように遊べる子になっていきます。

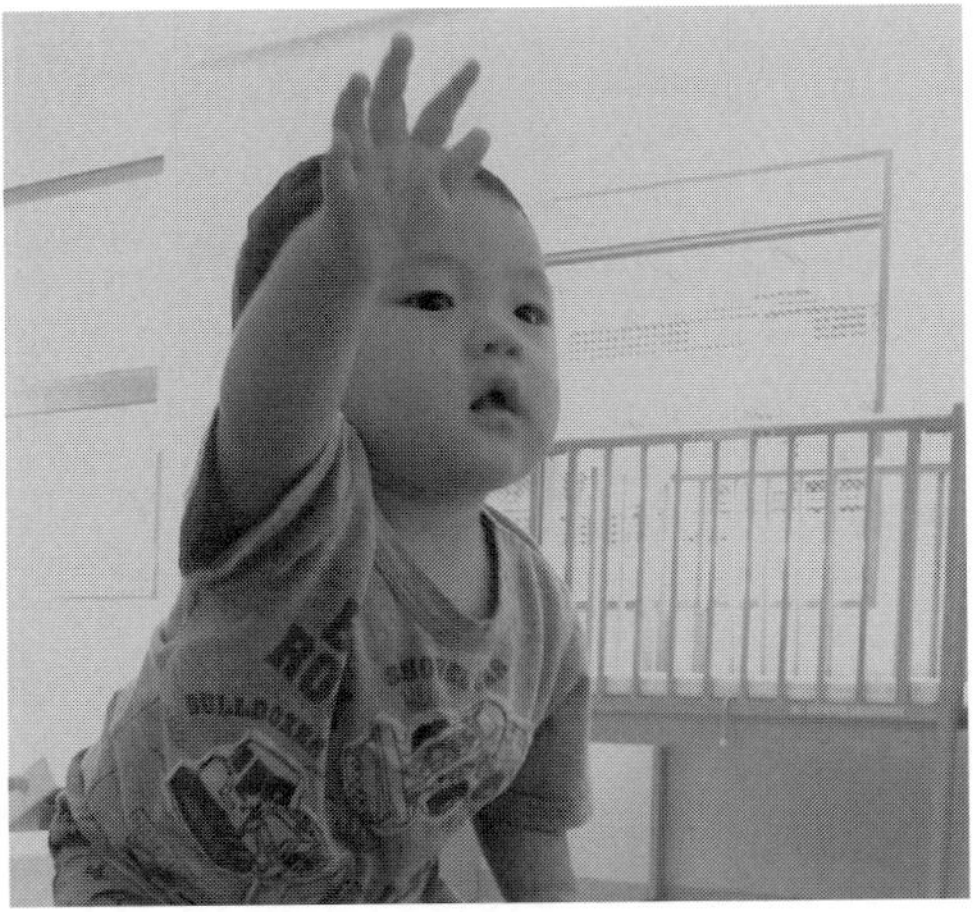

手差しが始まると、「自分で!」の手づかみ食べも始まってくる

月齢で言えば個人差が大きくても、発達段階で言えば総じて赤ちゃんに「手差し」が始まると、「自分で！」の手づかみ食べも始まります。「手差し」というのは、人差し指をしっかり伸ばして対象物をさし示す「指差し」の前に出てくる段階で、手全体を対象物の方向に伸ば

して離れている物を示すことです。

清水　ありますね。

山口　指差しが盛んになると単語を話すようになりますが、手差しは言葉が出る前の段階です。

清水　取ってほしい物に向かって、「あ！　あ！」と手を差し延べながらアピールする時期ですね。

山口　この頃、身体運動の面では四つ這《ば》いで座卓などによじ上ったり、軽い斜面や段差を這《は》い下りたりできるようになります。高い台につかまって、伝い歩きをすることもでき始める時期です。

手差しの時期の子どもが座卓の上にある離乳食を見つけると、それに手をさして一目散に近づき、座卓に手をかけてつかまり立ちをします。そこに子ども用の椅子があると、それに自分で座って食べ始めるでしょう。食卓が低い場合は、もうここまで全部一人でできるようになってきます。

この時期は、対象物を客観性をもって捉えることができるようになってきているのですが、まだまだ鮮明ではありません。ですから食べることに集中すると、食べ物が器に入っていることや、スプーンを持っていることなどは意識の外になってしまいます。その結果コップを倒したり、お皿やスプーンを落としたりしてしまうでしょう。

その音に意識が呼び起こされて器が落ちたことに気がつくと、今度はそれが面白くなってしまいます。わざと二つ目の器を落としたり、スプーンを投げたりして遊び始めます。この時期の子どもには、器に食べ物が入っていようがいまいが関係ないのです。器の食べ物でも、テーブルの上に落ちた食べ物でも、食べ物が食べられたら良いのです。もし、器を落とさないようにしたいなら、大人がかなり気をつけてお皿を押さえていてあげなければいけません。

「テーブル全体をお皿と考える」実践

清水　私たちがよく言う「テーブル全体をお皿と考える」ということですね。

山口　それです。手差しの時期はものすごく食べ散らかす時期ですから、お母さん

スプーンを持っていても手で食べたり、スプーンで遊び出したりする。それでもスプーンを食卓にのせておいてほしい

は大変だと思います。それを承知のうえでお話ししているのが、「この時期はスプーンを使ったとしても、まだ手の延長でしかありません。道具としては使えませんが、それを道具に変えていくためには、スプーンも食卓にのせておいてあげてほしい」ということなのです。「この月齢ではスプーンはうまく使えないので、スプーンはいらないわね」ではいけません。ま、どうせ落とされてしまいますけどね（笑）。

清水　そうですね、あっという間に落とします（笑）。でもそれを続けていけば、少しずつスプーン中心になっていくわけですね。

山口　どんぐり・どんぐりっこ保育園が実践している「テーブル全体をお皿と考える」実践は、とても素敵だと思います。

清水　ありがとうございます。

「大地が食器だよ」

山口　ぼくは全盲ですが、山にはよく登ります。数年前に山の大先輩から面白い話を聞いたことがあります。その人はオーストラリアのいちばん高い山に登る準備のために、現地の原住民の集落で1週間ほどキャンプを張らせてもらったそうです。その方が、「そこではまだ大地が食器だよ」と言っていました。地面にサークルをつくって草を敷き詰め、その上に捕ってきた獣の肉や芋などを置きます。そこに熱した石をのせ、蒸し焼きにして食べていたそうです。

これを聞いて、「まだ食器などもない原始の人々は、大地そのものが食器だったのだろう」と思いました。伝い歩きを始めて、やがて人間としての直立二足歩行に移行していく手づかみ期の子どもたちは、人類の進化に置き換えれば猿から人に進化していく原始人類の時代に入ってきたと言えます。「あらあら、うちの子もようやく原始人類まで進化してきたわね」と思えば、食べ散らかしも拾い食いもおおらかに見てあげられるのではないでしょうか。「個の発達は、系の発達を繰り返す」などと言われることもありますから。

先ほどお話しした、類人猿であるチンパンジーの手の延長としての棒も同じです。人類は進化の過程で、それを道具に変えてきました。赤ちゃんや幼児の発達でも、同じようなことが言えると思います。

清水　なるほど。「胎児はお母さんのお腹の中で、形態的に生命の進化の過程をたどる」と聞いたことがありますが、生まれて以降も進化をたどるのですね。

人間の赤ちゃんは1年の早産

山口　「人間の赤ちゃんは、1年の早産」と言われることがあります。多くの動物は外敵から身を守れるように、生まれたらすぐに立って歩けるようになるまでお腹の中で育ちます。しかし人間の赤ちゃんは、生まれた頃は何もできません。1年経ってようやく自分の足で立つことができ、歩くことができるようになります。

ですから生命の神秘や進化という大きな視点から子どもを見られたら素敵だなと思います。「1年早産で産まれたわが子が、両生類や爬《は》虫類《ちゅうるい》に似たハイハイをし始めた。それから哺《ほ》乳類《にゅうるい》のような四つ這いをしていたかと思うと、いつの間にか霊長類のような姿勢で伝い歩きをするようになった。原始人類の時代をたどって、

人間の赤ちゃんは１年経ってようやく自らの足で立って、歩けるようになる

だんだん人間として大きくなってきているんだな」と、手づかみ期の子どもたちのしぐさも喜んで受け止めてあげることができれば素敵ですよね。

「食卓の上はぐちゃぐちゃになるかもしれない。でも、今のあなたがその時期にいるなら、大地をお皿にして食べなさい！」。子育てにおいてこんな視点を親が持てるようになれば、親も子も幸福な気持ちで毎日の食事に臨めると思います。そういう意味では、どんぐり・どんぐりっこの子どもたちは幸せですね。

清水　ありがとうございます。すごく壮大なお話で圧倒されますけど、本当にその通りだと思います。人類の進化の歴史を一つひとつていねいに、その子のペースで乗り越えさせてあげたいですね。

一つの世界がいっぱい開いてきた

山口　スプーンや器をすぐに落としてしまっていた子どもたちも、だんだんと落とさなくなってきます。人差し指を１本だけ出した「指差し」をする頃がちょうどその時期です。そして指差しが出る頃と時を同じくして、一語文である「単語の発語」

が始まります。平均的な月齢でいうと、生後1歳～1歳3ヵ月頃でしょうか。この頃からよちよち歩きも始まってきます。

人差し指を突き出して「あった！」と、特定の物にはっきりと指をさすようになったということは、対象物をより鮮明に捉えることができるようになったことを意味します。それと同時に、自分にとってはその対象物を一つの意味ある物、一つの意味ある世界として捉えることができるようになってきているのです。

ですから指差しは、自分が意味ある物として捉えた対象物を、相手に伝え知らせる手段だとも言えます。この指差しがしっかり出るよ

よちよち歩きを始める頃に出てくる、指差し。指差しができるようになると言葉が出るようになり、食器をむやみに落とさなくなってくる

うになると、子どもは食べ物が入った器をむやみやたらには落とさなくなります。大好きな食べ物が入った器にも、意味を見出すようになってくるからです。

お皿やスプーンを落とすことは少なくなりますが、それですぐにきれいに食べられるようになるかと言うと、そういうわけではありません。今度は新しく見出した一つの世界を確かめるかのように、器の食べ物をつまみ出して食卓の上に置いてみたり、それを器に戻してみたりを繰り返しながら食べるようになります。この時期もやはりまだ「テーブル全体がお皿」なのです。

でも手差し期の子どもたちと違う点は、器が意識の外になってしまって汚すのではなく、食卓の上の器も意味ある物として捉えることができるようになってきているることです。特定の物に自分でも意味を見出すようになってくると、言葉の面では単語が一つ、二つと出始めます。

清水　そうですね。一般のお母さんたちは、お皿に食べ物を出し入れして食べることが発語ともつながっているなんて、考えもしないのかもしれませんね。

1歳を過ぎたら複数の器を置いてあげよう

1歳を過ぎたら、複数の食器を置いてあげる

山口　1歳を過ぎて、子どもが食卓から器をあまり落とさなくなったら、子どもの前には二つ以上の器を置いてあげてください。煮物の入ったお皿とご飯のお茶碗、汁物のお椀といったイメージです。「そんなことをしたら野菜を食べなくなるのではないかと心配だ」と言うなら、まず野菜の入ったお皿から出しても構いません。ですが野菜のお皿のそばに何も入っていなくていいので、一つか二つお皿を置いてあげてください。この時期の子どもには、開いてきた複数の世界を行き来させてあげたいからです。

たとえばお皿とお茶碗で食べ物が出されると、初めはどちらの食べ物もつまんで口に入れたり、食卓の上に出し入れしたりして食べます。それがいつからかお皿の煮物をご飯の上にのせたり、ご飯を煮物のお皿に入れたりして食べ始めます。

清水 ご飯を味噌汁の中に入れたり、味噌汁に手を突っ込んで食べたり、食べ物をテーブルに塗りたくったりして食べる時期ですからね。1歳を過ぎても、お母さんたちが頭を悩ます時期はまだまだ続きます。

山口 そうです。でもそんなときは、「あ、自分で料理し始めたな」と思って見ていてあげればいいのです。

清水 料理ですか?

山口 国によっては、テーブルの上で混ぜたりして料理を完成させる食文化もありますから。たとえば、お隣の韓国の人たちはそうやって食べているじゃないですか。スープにご飯を入れて食べるのがいちばんスープの味を生かせる食べ方だから、最後はご飯をスープに入れてきちんと食べないと逆に失礼だと聞いたことがあります。

清水 なるほど、そういうことですか。そう考えるとあちらに入れたりこちらに入れたりして食べるのも、立派な成長に見えます。

話せる単語が増えてくる

山口　煮物をご飯の上にのせたり、そのご飯を味噌汁に入れたり、こんなことができるのは、子どもが発達している証拠でもあるのです。一つ目の器からつまんで二つ目の器へ、二つ目の器からつまんで一つ目の器へ、あるいは三つ目の器へ……。子どもはこんな遊び食べのようなことを通して、意味ある世界を「ここにも、あちらにも、こちらにも」と広げていっているのです。この頃から、これまではせいぜい2語か3語程度しか話せなかった単語が増え始めます。

清水　食べ物をあちこちに入れたり戻したりする時期が、「ママ」とか、「バイバイ」「ワンワン」「ぶーぶー」などと単語が増えてくる時期と重なるわけですね。

山口　そうです。でもこの時期はまだ、お父さんを見てもお母さんを見ても「タータン」であったり、犬を見ても猫を見ても「ワンワン」なのです。対象物は、「これ！」「これ！」「これ！」と、大まかなところではっきり捉えられるようになってきます。

しかし「いつも優しくしてくれる大人たち」、あるいは「四足の動物たち」といった似た物同士の中からは、まだ「AとBは違う」とまでは捉えることができないのでしょう。

たとえばこの時期の子どもに「お目めはどこ?」「お口は?」「お鼻は?」と尋ねると、いずれも顔に手を持っていくので、それらが顔にあることはわかっていると思います。でもまだ「これが目!」「これが口!」と、それらをピンポイントで指すことはできません。

こちらの器からあちらの器へ、あちらの器からこちらの器へとつまんだ物を入れながら食べるようになると、スプーンもかなり長く子どもの手に保持されるようになってきます。そしてときどき大人のマネをして、ゆっくりすくおうとする様子も見られるようになります。まだうまくはすくえないことが多いですが、1歳半近くになると、うまくすくって口に運ぶ回数も増えてくるでしょう。

このように1歳になると、「自分で!」という意思が確立してくること。大人の真似をしながら育っていくこと。こうしたことからぼくは、「1歳を過ぎた子どもの食事のときは必ず、お母さんやお父さんは子どもの横でなくて、前に座って食べてあげてください」とお願いしています。子どもは目の前に見える大人のしぐさに助長されながら「自分も！」と負けん気を出し、自分のできたことに得意気になりながら伸びていきますから。

いよいよスプーンが上手に使えるように！

山口　子どもに、「お目めはどこ?」「お口は?」「お鼻は?」と尋ねて、子どもがそれを人差し指できちんと押さえることができるようになるのは、だいたい1歳半頃です。この頃になると、同じ顔にあるものでも「目と口は違う」「口と鼻は違う」ということがわかってきます。ですから犬も猫も同じに「ワンワン」と呼ぶことがなくなり、それぞれを認識し出すのもこの頃です。お母さんは「タータン」であったり、お父さんは「トータン」であったりします。同じような物の中でも、「AとBは違う」ということがわかってくるのです。

この頃には、食べ方はもっとダイナミックになります。食器を持ち上げて、中

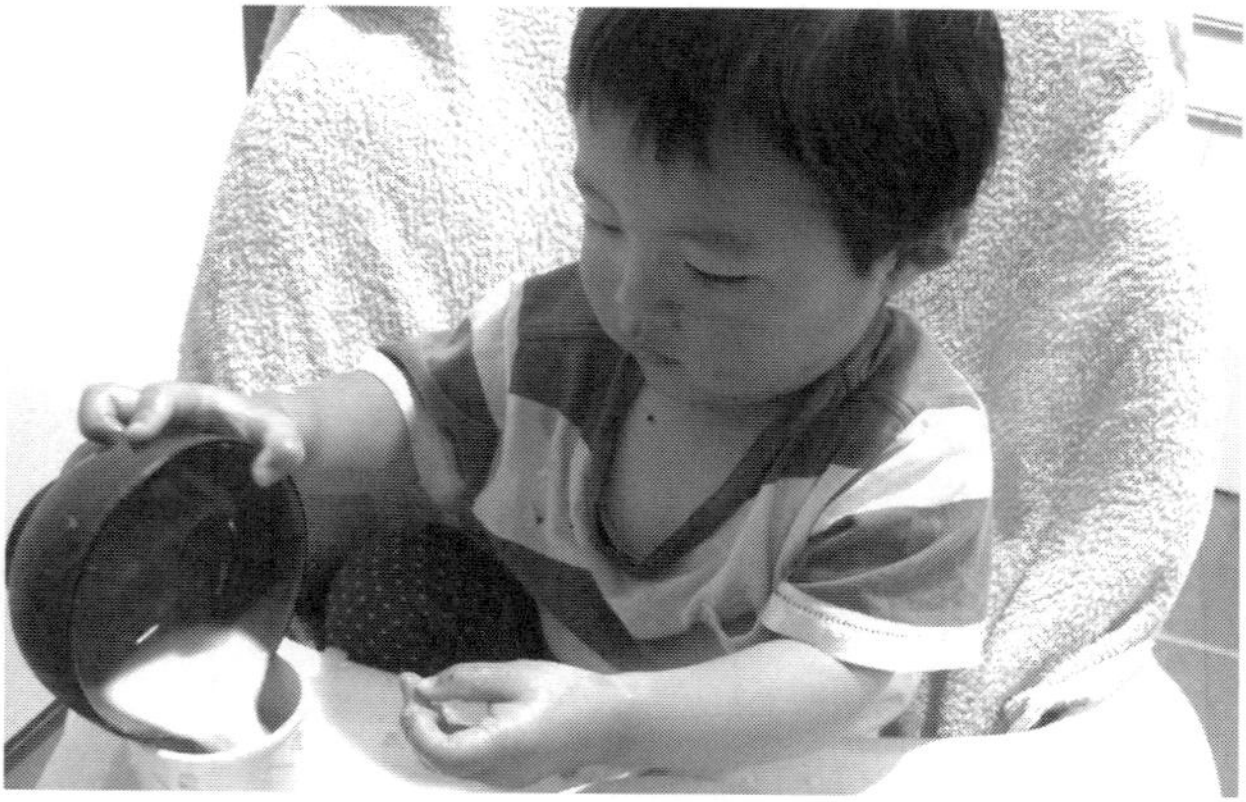

1歳半頃になり、食器を持ち上げて中身を丸ごと隣の食器に入れる夕食での1コマ。叱りたくなるかもしれないが、発達過程なので受け止めてあげて

身を丸ごと隣の食器に入れたりするようになるのです。大人がこれを見ると、思わず「危ないからやめて」と注意したくなります。しかしよく見ていると、結構上手にお皿の物をお茶碗に入れたり、お茶碗の物をお皿に入れたりするのです。ピンポイントとピンポイントの往復活動が始まります。そうした2点間の行ったり来たりの運動がいろんな場面で見られるようになってくるのです。

この1歳半頃の子どもの手に、描く物を持たせてみてください。クレヨンでも食事のときと同じように、ピンポイントとピンポイントの往復活動が見られます。

この時期の子どもが描く絵は、斜線で2点間を往復する殴り描きです。スプーンも同じで、食べ物と口の2点間を往復することができるようになってきています。ここまでくると、手づかみよりスプーンで食べることが多くなります。

清水　子どもたちが描く絵を見ると、その子が発達過程のどの段階にいるのかがわかります。2点間を往復するような殴り描きができる頃に、手づかみよりもスプーンのほうが優位になり始めてくるわけですね。

1歳半では、まだまだスプーンが下手で当たり前

山口　そうです。しかし、手づかみよりスプーンのほうが優位になってきたとはいえ、本格的なスプーンでの食事は始まったばかりです。まだまだ食べ方まで上手になってきたとはとても言えません。子どもの発達を焦るお母さんは、「今ここで教えなければ」と、うるさく手を出しがちになります。そこを堪《こら》えて、もう少し見守ってあげてほしいのです。

ここで、1歳半頃の子どもの発達についてもう少しふれてみます。人差し指で目

や口、鼻などを一つひとつ示していくような指差しを、「可逆《かぎゃく》の指差し」と呼ぶ人もいます。この指差しをするようになると、「これ」と「これ」というように、二つのものを比較して見ることができるようになってきます。この頃から、自我はとても強くなります。「それではない。これなんだ！」と、子どもは自分の中で物事を二者択一して主張するようになってくるからです。この時期にお母さんが子どもに食べ方などを指示しようものなら、子どもはとても強く反発してしまいます。

清水　1歳を過ぎた頃から、「うちの子はまだ手で食べる」とか「うちの子はスプーンがまだ使えなくて」などと悩むお母さんを見かけますが、その時期に悩む必要はまったくありませんね。食事のときにスプーンを横に置いておくだけで、あと半年もすれば自然と使えるようになるわけですから。

山口　そうなんですよね。お母さんが焦って、1歳頃から「お行儀が悪いからスプーンですくいなさい」などと訓練しても、その頃の子どもの感覚機能や知的機能、運動機能などの発達からすれば無理があります。そんなことをして子どもにストレスをかけなくても、お母さんが子どもの前で楽しく食べながら箸やスプーンを使っ

1歳児クラスでは、スプーンを使う子と手づかみ食べの子が混在する。まだ手づかみ中心の子にも、スプーンを置いておいてあげたい

ている姿を見せてあげればいいのです。

もちろん1歳児の子どもにはまだ器用さがないわけですから、器が食卓から落ちそうになったらお母さんがそっと手を出してあげる必要はあるかもしれません。子どもが一生懸命すくおうとしているのに、スプーンが裏になっているときは、スプーンを裏返して「こうしたら」と教えてあげるのもいいでしょう。大人からの手出しは、その程度の軽いフォローでいいと思います。そうすれば、1歳半を迎える頃にはスプーンを使って自分で食べることができるようになってくるのです。

2つの世界が具体的なものとして見えてくる

清水　1歳半頃からスプーンがだいぶ上達しますが、お母さんが満足するような「スプーンできれいに食べられる」という段階はもう少し先かな、と思います。

山口　確かにそうです。1歳半頃から、散らかす量がだんだん少なくなってきます。そして赤ちゃんの頃にどれだけ食事をぐちゃぐちゃにしていた子どもでも、1歳9ヵ月頃になると、スプーンでかなりきれいに食べることができるようになってきます。

清水　個人差はありますが、平均的な月齢で言うと1歳9ヵ月頃ですね。

山口　だいたいそれくらいからです。この1歳9ヵ月がどんな時期かについても、少しお話ししておきましょう。

たとえば1歳半くらいの子に大きなおにぎりと小さなおにぎりを見せて、「どちらでもとって食べていいよ」と言って差し出すと、この頃の子はどちらのおにぎりでも手にしてしまえば満足です。

ところが1歳9ヵ月頃になると、必ず大きいほうを取ります。そんなときにもし

「あなたはまだ小さいから、こちらの小さいおにぎりにしてちょうだい。大きいのはお兄ちゃんのよ」などと言おうものなら大変です。「いやだー！」と反発し、「そっちがぼくの！」と強く主張します。「でも、やっぱりあなたは小さいんだから小さいおにぎり！」と、無理に渡してもダメです。自分の手にのせられたおにぎりを投げてでも、涙の抗議をします。拾ってあげても食べません。

清水　「自我」が最高に高まってくる頃ですね。目に浮かぶようです（笑）。

山口　そうなんです。一般のお母さんたちは、「ワガママがひどくなった」とか、「もう反抗期に入った」などと言って困るかもしれません。自我の強さに頭を痛める時期です。

先ほど、1歳半頃には二者択一するようになると言いましたが、それはあくまで違いがはっきりした物においてです。同じような物同士の比較は、まだできません。小さなおにぎりでも大きなおにぎりでも同じおにぎりですから、1歳半の子どもにはそれほど違いはないのです。

ところが1歳9ヵ月頃になると、同じようなものでもよく見比べ、大きなおにぎりを選ぶようになります。自分に具体的に関係してくるものなら、「大きい」「小さい」はとても大切な問題です。物事をよく見比べることで、個々の内容をより深く捉えることができるようになってきているのです。

この頃になると、「お目めはどこ?」と尋ねると左右どちらの目も指差します。左右の手で、左右の目を同時に指差すこともあります。これは「対の指差し」と言われたりもします。この指差しが出てくる頃には、言葉は二語文になり始めています。そして食べ物やオモチャ、着る物などに対して「自分の!」「自分の!」という所有の主張を強めてきます。だから自分が選び取ったおにぎりが、「お兄ちゃんの」などと言われようものなら大抗議となるわけです。

箸で食べられるようになる

清水 スプーンがきれいに使えるようになったら、いよいよ箸です。どんぐり・どんぐりっこ保育園では、その年度の子どもたちの発達の様子を見ながら、2歳児クラスの夏か秋頃からスプーンやフォークだけでなく箸も用意して置いておきます。

それぞれの子どもが自分が持ちたい物を選んで食べられる環境にしていますが、一般的には箸を使えるようになるのはいつ頃でしょうか？

山口　２歳児に箸を出してあげるときは、喉《のど》をついたり、目をついたりしないように、かなり大人の注意が必要ですよね。もし箸を持たせて危ないと感じるようでしたら、もう少しあとにしても良いかもしれません。子どもが箸を上手に使うようになるのは、もっともっと先のことです。４歳も半ばになってからだと思います。ですが順調に育ってきた子であれば、個人差があるにしても２歳半あたりから、箸を持ちたがるようになってきます。この「箸を持ちたがるようになる」までの過程も、非常に興味深いですよ。

たとえば二つのおにぎりから大きなおにぎりを選ぶようになった１歳９ヵ月頃の子に、同じ大きさのおにぎりから一つを選ばせてみます。すると、じっと見比べてどちらかを取ります。その時に子どもが取ったおにぎりを指差して、「こちらのおにぎりも同じだから、こちらと交換して」とお願いしても、自分が選び取ったおにぎりをなかなか手放しません。大人が見れば二つとも同じ物でも、対の物から選ぶようになったこの時期の子は、自分が選んだ物のほうに「こちらが大きい！」と付加価値をつけて捉えているからです。このように、まだ一つのものに執着する時期は、目の前で食べているお母さんの箸が2本であることは気にしていません。

ところが2歳をだいぶ過ぎると、おにぎりを見比べて少しは考えますが、自分が選んだおにぎりでも交換してくれるようになります。「あのおにぎりの内容」も「このおにぎりの内容」も「どちらも同じ」という、「2」の世界が見え始めてくるからです。遊びの中では、水をバケツに溢《あふ》れさせて遊ぶだけでなく、溢れた水でも遊び始めます。箱積み木では、積み木を数個横に並べて縦にも一つか二つ積み上げ、トラックのような形などをつくるようになります。このように、いたるところで「2」の世界が開いてきます。

「2」という数の概念がきちんとわかるようになるのは、2歳半頃です。この頃から、「1本のスプーンで食べている自分」と「2本の箸で食べている大人」の違いがわかってきます。そこで「自分も2本の箸に挑戦してみたい」という憧れと、興味が生まれてくるのです。

本当に箸に興味を持つのは2歳半頃から

清水　1歳半頃から箸の訓練が必要だと言っている人たちもいますが、それについてはどう思われますか？

山口　そうですね。「子どもは1歳半頃から箸に興味を持ち始めるので、その頃から箸の訓練を！」と言う人たちもいますが、ぼくはそれには疑問を持っています。確かに1歳半頃に、子どもは母親が手にしている箸を取りにきたり、使いたがったりするかもしれません。しかしそれは、箸で食べているお母さんの食べ方が上手だから、自分もその箸を持てば上手に食べられるのではないかと思って箸に手を伸ばしてくるのだと思います。ですからお母さんが箸ではなくてスプーンで上手に食べていると、そのスプーンを取りにきます。道具を使い始めたばかりの子どもたちには、同じ道具でも大人が器用に使っている道具が、特別な物のように見えるのです。

箸の特徴に興味を覚えて持ちたがるようになるのは、やはり2歳半頃からだと思います。実際この頃からこれまでの赤ちゃんっぽさは消え、「ぼくはもうお兄ちゃんだから箸！」とでも言うかのようにぐんと幼児っぽくなってくるのです。

1歳9ヵ月頃から2歳にかけて手を焼いてきた強烈なほどの自我も、「2」の世界がわかるようになってくると少し落ち着きます。「自分」だけでなく「あなた」の存在があることも認められるようになり、友だちに自分の物を分けてあげられるような優しさも発揮できるようになってくるのです。「ワガママばかりだと思っていた子が、いつの間にか相手のことも思いやる子になってきていた！」と、精神面でも成長してきます。

焦らないで今の段階のありのままを受け止めよう

山口　箸に興味を持つようになったと言っても、2歳児にはまだ箸の扱いは難しいものです。箸の持ち方を教えても、スプーンと同じように箸を使う子もいます。まだスプーンのようにうまく食べられないので、手づかみも多くなりがちです。

でも、どんぐり・どんぐりっこ保育園の実践は、さすがに素晴らしいと思います。この時期の子どもたちの食卓には、箸だけでなくスプーンやフォークも用意しているんですよね？　箸は持ったけれどうまく使えなかった子の前にスプーンも用意してあれば、手づかみに戻らなくても済みます。

2歳児は自分の前に箸があるだけで、お兄ちゃん気分になれます。しかし「それじゃいつまでも箸が上手に使えないじゃないの」と、心配するお母さんもいるかもしれません。でも、まだ2歳の子にはそれは余計な心配です。箸をスプーンに代えて使うようになるのはもう少し先のことだからです。3歳過ぎから4歳にかけて少しずつスプーンより箸を使うようになってきます。2歳児なら、子どもが箸に興味を持つだけで十分だと思います。

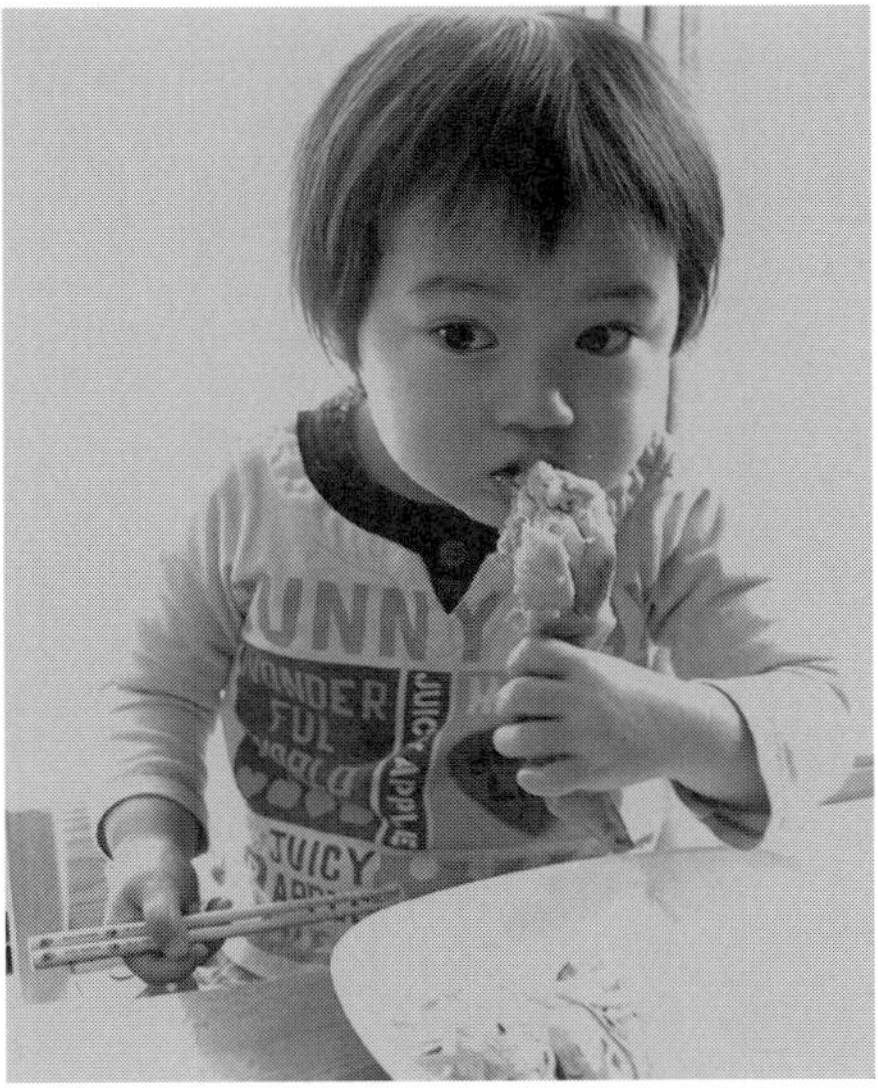

2歳を過ぎると箸を使うようになるけれど、まだ手も出る時期

清水　昔はそういうお子さんはあまりいなかったのですが、ここ10年くらいでしょうか。子どもの中には、幼児の訓練用の箸でトレーニングしてきた子が増えてきました。そういう子は2歳になったばかりの頃に箸が完璧に使えていたりしますが、なぜか少食や偏食であることが多いのです。

山口　2歳になったばかりで箸が完璧に使えるというのは、特殊な訓練を積んできたということでしょうね。小食や偏食だというのは、わかる気がします。親御さんが箸の訓練をさせるくらいですから、おそらく赤ちゃんの頃から食事のときに「自分で！」の手づかみを保障してもらえなかったのでしょう。味覚を広げていく時期に、どんぐり・どんぐりっこの0歳からの子どもたちのように、豊富な野菜などの自然の味で育ってきたわけではないのでしょうね。

トレーニングは大人側の要求

清水　結局幼児用のトレーニング箸というのは、子どもが選んでいるわけではありません。それは「早く箸を使えるようになってほしい」とか「早くお行儀よく食べ

カナヘビを絶妙な力加減で器用につかむ園児

るようになってほしい」という、大人側の要求です。「早いことが良いことだ」と誤解している大人が、無意識のうちに子どもに無理をさせてしまっていると思います。

そうやって訓練されて育った子は小食なだけでなく、外遊びのときにどんぐりを拾おうとすると、「グシャ」とつかんでしまいがちです。枯葉や土の中から、どんぐりだけをきれいに拾えるような指になっていません。指先がうまく使えなくて、周りの土も一緒につかんでしまいます。やはり、発達は一つひとつの段階をしっかりと歩ませてあげることが大切だと思います。

山口　早く箸が使えるようになると、親御さんは「うちの子は器用だ」と思うのかもしれません。でも生活全般を見ていくと、結果的には逆になってしまっていることもあるんじゃないかと思います。

清水　たくさんの子どもを見てきましたが、もちろん訓練すれば、お箸だけは使えるようになると思います。だけど、子どもの育ちは手だけではないのです。指だけでもありません。全部が連動しています。体と心と、感覚のどこかに無理がいってしまうのではないでしょうか。

山口　そうでしょうね。その通りだと思います。

清水　早く早くとせかされて育った子は、「結果が出せないと自分には価値がない」と思い込んで、自信のない人間になってしまいます。だから親御さんたちには、焦らないで目の前の子どものありのままの姿をゆったりと受け止めてあげてほしいと思います。「早くこれができるようになってほしい」と結果を焦るのではなくて、「今のあなたを無条件にかわいいと思っているよ」というメッセージを子どもに伝えてほしいのです。そうしたまなざしが、その子の自信につながります。

第5章　しっかり食べられる体に育てる
～乳幼児期に親が気をつけてあげたいこと～

リズム遊びが毎日の日課

第3章の冒頭で少しふれましたが、うちの保育園では毎日リズム遊びを行っています。ピアノに合わせて跳んだり、走ったり、寝転んだり、ハイハイしたりして全身を使う運動です。この運動は、一般的なCDに合わせて踊るお遊戯ではありません。リズムにのって楽しみながら足や腰、腕の筋肉や神経系の発達を促すために行っています。

リズム遊び以外の日課として、大人たちは一日の始まりに園舎内の雑巾がけを行います。それはみんなのお部屋をきれいにして、気持ちよく一日を始めたいという思いからです。すると、子どもたちも一緒に雑巾がけをするようになります。みんな一緒に雑巾がけをしている姿を毎日見ていると、小さな子でもマネをするようになることがあって、それはとてもほほえましい姿です。

どんぐり・どんぐりっこ保育園で取り入れているリズム遊びの様子

それ以外にも大人と子どもたちが一緒にお花に水をあげたり、畑仕事をしたり。さらに年長になると当番活動が始まります。年長は毎朝、園で飼っている動物の世話や庭のそうじなどを日課にしています。

園で取り組むこうした活動の一つひとつがもとになって、子どもたちの「しっかり食べられる力」が育っていくのです。

偏食の子どもが増えてきた背景

清水　先ほどから山口さんに、赤ちゃんから幼児までの心と体の発達過程をお話ししていただいていますが、今度は子どもの好き嫌いについて伺ってもよろしいでしょうか？

山口　どんなことでしょうか？

清水　保育園に入ってくる子どもたちの中にも、「野菜がまったく食べられない子」や、「お肉を絶対に食べない子」といった子どもたちが目立つようになってきました。山口さんは子どもたちの偏食について、体の発達の面から見て何かお感じになることはありますか？

山口　最近は、味覚を含めた感覚が大きく開いてくる離乳食の初期から、赤ちゃん好みの既成の味の離乳食で育ってくる子が多いですよね。野菜スープの離乳食から始まるどんぐり・どんぐりっこと違う大きな点の一つだと思います。赤ちゃん期から好みの味をつくってしまうと、幼児期に突然「これを食べなさい」と言われても無理なような気がします。

　それに、幼児期になって野菜やお肉が食べられないのは、顎《あご》の周りの筋肉の発達の弱さも関係しているのではないでしょうか。赤ちゃんの時期にハイハイができていない子は、顎の周りに筋肉があまりつかないという話は先の章でお話しした通りです。

清水　ハイハイをいっぱいするということは、偏食をつくらないということにもつながるのですね。

山口　最近は多くの赤ちゃんが、まだしっかり腰がすわらないうちから座位保持用のベビーチェアーに座らされるようになりました。そんなこともあってなのか、ハイハイをあまりせずにお座りをしてしまう子が増えているように思います。本来は、お腹を床につけたずりバイをいっぱいしたあと、自分で四つ這《ば》いの姿勢やお座りの姿勢がとれるようになります。この発達の過程を踏まないままお座りをするようになってしまう子が増えているのです。

ずりバイ前にお座りを獲得した場合の問題点

清水　ずりバイをする前にお座りをするようになった場合に、出てくる問題点があるのですね。たとえばどのようなことが考えられますか？

山口　ずりバイをあまりしないうちにお座りをするようになってしまうと、子どもはますますずりバイをしなくなるし、次に出てくる四つ這いもしなくなります。まったくと言っていいほど四つ這いをしない子も出てくるほどです。ずりバイにしても四つ這いにしても、ハイハイというのはかなりハードに腕の筋肉や手のひらを使います。

また、ずり這いをあまりせずにお座りをした子は、四つ這い期に入っても這《は》うより座っているか、つかまり立ちをしたり伝い歩きをしたりすることのほうが多くなります。中には、お座りをしたままお尻と足だけで動き出す子もいます。腕に体重をのせて突っ張るのが嫌なのです。

腕で体重を支えてハイハイを十分にしなければ、噛む力がつきにくいことは前にもお話ししました。それだけではありません。ずりバイや四つ這いを十分にしないと、その後の身体運動などの発達にも影響が出てくるのです。指先の器用さもしっかりと育ってくれません。

指先のことで言うと、ベビーチェアーなどで早くお座りができるようになると、手が解放されて指先もよく使えそうに見えます。しかしそんな子の身近にオモチャを置いても、子どもはそれほど意欲的にオモチャに関わってきません。かえってずりバイや四つ這いをしている子のほうが、少し離れたオモチャにでも手を出し、次から次へとオモチャを見つけて遊ぶのです。手先や指先の発達も、それだけが他の機能と分離して発達するわけではなく、体幹の動きや、腕の動きなどと関連しながら育ってくるのです。

先の章で、「指先でも味わうかのように」というお話もしました。ずりバイや四つ這いを十分にして指先が育ち、いろんなオモチャをつかみ、散らかし、離乳食に手を入れ、土に触れたりして育ってきた子は偏食にもなりにくいです。仮に一時期偏食になっても、改善しやすいのです。

確かに、赤ちゃんをベビーチェアーなどに座らせてオモチャを与えておくと、お母さんは楽です。寝返りやハイハイで危険な場所に行くことはないし、赤ちゃんがうつ伏せ姿勢に疲れて泣き出すこともありません。床で遊んでいるよりは長時間「お利口」にしていてくれます。大人には都合が良いかもしれません。しかし、それでは子どもは与えられたものにしか反応できなくなります。自ら主体的に外界に広がっていくような意欲も生まれてきません。これでは行動の面においても、心の広がりの面においても、偏食児をつくっているようなものです。

ハイハイが顎の発達を促す

清水　ハイハイより先にお座りに慣れてしまうことは、子どもの発達にとってはいいことではないのですね。偏食の原因が、味覚をはじめとする感覚の発達や、顎の周りの筋肉の発達、意欲の発達などと深く関わっていることがよくわかりました。

ところで、ここでもう少し噛む力や嚥下《えんげ》のことをお聞きしたいと思います。這うことが少なかった子というのは、本当に噛む力が弱いですよね。

山口　そうですね。まず生まれたばかりの赤ちゃんは、おっぱいを吸うときの吸啜《きゅうてつ》反射や笑顔、泣き顔などで顔の周りの筋力を高めます。それから腕を前方に上げる動きなどを通して、首の周りの筋肉もしっかりさせてきます。それがずりバイや四つ這いをするようになると、顔や首の周りの筋肉の育ちに大きく関わるようになります。とりわけ、四つ這い期に入って両肘《ひじ》を伸ばして体重を支えるようになると、噛むことに関する筋肉は急速に育ってきます。

進化の過程をたどってみても、まだ前肢《ぜんし》の肘を曲げたまま移動している両生類や爬虫類は、上手に嚥下ができても咀嚼《そしゃく》は下手です。しかし、前肢の肘を伸ばして移動するようになった哺乳類は、咀嚼が上手です。人間もそれと同じで、野山のような斜面を四つ這いでいっぱい這いまわって遊んだ赤ちゃんは、野菜でもお肉でもし

腰が上がった四つ這いの運動が、噛む力をいっそう育てる

っかり噛める子になっていきます。逆にハイハイが少なかった子は、硬い物が口に入るといつまでも口に入れているか、噛まずに飲み込んでしまう子になってしまうわけです。ハイハイをあまりしなくて硬い物を噛むのが苦手な現代っ子の下顎は総じて小さく、丸くなってきているとも言われています。

清水　なるほど。それは保育をしていて、私も感じています。「乳児期に顎や首の筋肉が十分に発達していないと、その後の離乳食がうまく進まない」ということは、しょっちゅうあることです。いつまでも口の中でコロコロ食材を転がしていて、なかなか噛みきれなかったり、いつまでも飲み込めない子が増えています。あるいは、あまり噛まないで丸飲みしてしまう子もいます。そういう子はよく食べるし、食べるのも早いんですけど。でも噛まないで飲んでしまうというのは、やはりその子の弱さですよね。

ですから赤ちゃんの頃にハイハイをたくさんしてついた腕の力や顎の筋肉というのは、大きくなってからもずっとその子の食に影響していくという実感があります。

もうちょっとハイハイしてください

山口　基本的にぼくは、子どもにはしっかりとずりバイをしたあと、1歳を少し過ぎても構わないから四つ這いや高這いで十分に遊んでほしいと考えています。それは噛む力や発語に必要な顔の周りの筋肉を育てていくからだけではありません。斜面や軽い段差などの四つ這いは二足歩行に必要な四肢の交互運動や協調運動を高めていくし、体の立ち直り反応やバランス感覚なども培っていくからです。深さや高さに対する知的感覚も開いていきます。

しかし、早く歩かせたいとの思いが強い親御さんは、子どもがつかまり立ちをすると両手を支えて歩かせようとするし、歩行器に乗せて歩かせようとします。まだ腰がすわりきらず、自分でお座りができない子を座位保持用のチェアーに座らせているのと似た現象ですね。どんぐり・どんぐりっこ保育園では、ハイハイや歩行についてはは親御さんたちとどんなお話をしていますか？

清水　うちの保育園は山口さんの考え方と同じで、赤ちゃん組のお母さんたちにハイハイの大切さを日頃から伝えるように心がけています。

「赤ちゃんには、たくさんハイハイさせましょう。座りっぱなしにさせていては、筋力や意欲の健全な発達を阻害してしまうんですよ。だから親が抱っこから床に赤ちゃんを下ろすときに、座らせるように下ろしてはいけません。ハイハイの姿勢で下ろして、ハイハイを促すようにしてくださいね」

というお話は、毎年赤ちゃん組の担任の保育士がていねいに伝え続けていることです。

それ以外にはたとえば、お母さんが家事をしている間にいたずらをしないように、柵で赤ちゃんを囲い込んでいる家がたくさんあります。ベビーサークルと言うらしいですね。そういう「赤ちゃんの動きを制限することで安全を確保しよう」と考えるのではなくて、「赤ちゃんが家の中を自由に動いても危険がないように、家具の配置や環境を工夫しましょう」というお話をします。赤ちゃんの時代にいかにハイハイを促せるかは結局周りにいる大人の考え方によるところが大きいので、まずは親御さんにハイハイの大切さを知ってもらえるように心がけているのです。

山口　なるほど、赤ちゃんの時期にそんな学び合いがお父さんやお母さんたちとできると素敵ですね。

たくさん這える環境を配慮してあげよう

清水　「ハイハイを存分にできる環境を家でも用意してあげて」と言っても、今の住宅環境ではなかなか難しい面もあります。今のご家庭はちょっとハイハイしたらすぐにテーブルやソファーがありますから、あっという間につかまり立ちをしてしまいます。親御さんたちは、「うちの子はもう立てるようになった」と喜びます。

やはりわが子がどんどん成長していく様は、親としては嬉しいですよね。それが親心だと思います。でも山口さんがおっしゃる通りで、つかまり立ちや伝い歩きを覚えてしまうとハイハイをあまりしなくなってしまうんですよね。ですから私たち保育士は、少しでもハイハイを引き出そうと工夫しています。

山口　確かにつかまり立ちと四つ這いは、発達的には同時期にできるようになってくるものです。しかしここでつかまり立ちばかりをさせておくと、四つ這いをあまりしないままに伝い歩きから歩行へと移行してしまいます。親御さんたちにとっては、ハイハイより立った姿勢のほうが発達した姿のように見えるのかもしれません。だから立位重視、四つ這い軽視になってしまうのかもしれません。しかしこの時期に四つ這いで遊び込むことは、とても大切なのです。

清水　上半身の筋力が弱い子は、ハイハイの姿勢より座ったり立ったりしたほうが楽みたいです。人間って楽を覚えてしまうと、大変なことはやりたがりませんよね。ですから、もっとハイハイをしてほしい時期の子が早々につかまり立ちばかりをしている場合、親御さんに「リビングのソファーやテーブルをしばらく撤去してみたら？」などと提案をすることもあります。ハイハイの間だけでも、なるべく広い空間を用意してあげてほしいのです。

子どもは山坂で育てよう

山口　先ほど「保育士はハイハイを引き出そうと工夫しています」とおっしゃっていましたが、どんぐり・どんぐりっこ保育園ではどんな工夫や働きかけをしているのですか？

清水　楽しい関係、というのでしょうか。大人である保育士も四つ這いになって、赤ちゃんの視線で一緒に楽しく遊ぶことを心がけています。遠くから赤ちゃんを呼んであげたり、ハイハイで追いかけっこをしたりすることが多いです。

あとはテーブルや板を使って、簡易的なアスレチックをつくったりします。すぐにつかまり立ちをする子も、坂道だとどうしても安定しないので四つ這いになるからです。昔から、「子どもは山坂で育てろ」と言います。本当にその通りで、坂道というのは子どもの筋力をつけるのに最適な環境です。斜面があると足の親指で床を蹴って、腕を突っ張って上ったり下りたりしますよね。そういうことが、顔の周

保育園の赤ちゃん部屋の前に広がる芝生につくった簡易的なアスレチック

りの筋肉の発達につながるので、保育園では赤ちゃん部屋の前は芝生にして、あえてなだらかな斜面にしてあります。環境が自然に赤ちゃんのハイハイを引き出すように、工夫してつくられているのです。

山口　子どもの発達に応じて活動の環境を整えてあげることは、とても大切ですよね。それに環境やオモチャだけに子育てを任せるのでなく、親御さんや保育士さんが子どもと一緒になって遊ぶこともとても大切だと思います。「遊ばせる」ではなく、大人も一緒になって「遊ぶ」んですよね。

寝返りやずりバイの再学習

山口　先ほど四つ這い期の子どもの話が出ましたが、ここで左右への寝返りや、左右の手足を交互に動かしてのずりバイをほとんどしないまま四つ這いになってしまった子どものことについても少しふれさせてください。

「うちの子は寝返りの時期に右だけにしか寝返らなかった」という子は、お腹を床につけて這う時期は左足だけしか蹴らないことが多いのです。四つ這いの時期には、片足を立てた変則的な四つ這いをしたりします。均衡のとれたきれいな四つ這いやつたい歩き、歩行へとつないでいくためには、その基礎に均衡のとれた左右への寝返りや、左右交互に手足を動かして移動するずりバイなどができていなければいけないのです。

しかしすでに四つ這いをするようになってしまった子に、寝返りやずりバイをやらせようとしても無理ですよね。そこでぼくは、四つ這い期の子どもたちでも寝返りやずりバイの再学習ができる遊びとして、こんな遊びを紹介することがあります。一つのヒントですが参考にしてもらって、親御さんや保育士さんたちで子どもと一緒に遊びをつくり出していってくれればいいなと思います。

家庭でなら、朝起床したときがいいでしょう。大人用の厚い掛布団を二つ折りにしたものを、三つか四つ積み上げて柔らかい布団山をつくります。その上に子どもを仰向けに寝かせ、寝返りが苦手なほうから「こちらにごろんして」と呼びかけるのです。そうすると子どもは、布団に沈んだ体を起こそうとして力を込めて寝返ります。今度は、「ハイハイでお布団の山から出ておいで」と誘います。子どもは四つ這いになろうとしますが、布団が柔らかくて腕で上半身を支えきれません。全身を大きくくねらせながら左右の手で体を突っ張ったり、引き寄せたりしてお布団の山から出てきます。

こうした遊びが、寝返りやずりバイの再学習になるのです。遊びを親子で楽しみながら、週何回かできればいいと思います。そばでまだお父さんが朝寝坊をしていたら、足元から顔をめがけてお父さんのお腹の上を子どもに這い上らせてもいいですね。これもずり這いの再学習になります。リズム遊びだと称して、お布団の上で親子でごろごろ転がり合うのもいいですね。とにかくいろんな場面で子どもが寝返りやずりバイ、四つ這いなどができる機会をつくってあげてほしいと思います。

清水 なるほど。そういう再学習も含めたハイハイや寝返りを、お家でも遊びながらいっぱいやってもらえると、その後の子どもの伸びが違うでしょうね。

「甘味」を覚える時期が早すぎる

山口 清水さんも保育をしている中で、偏食の原因に思い当たることがありますか？

清水 先ほど山口さんがおっしゃったように、偏食の原因には味覚が育っていないことと、ハイハイや遊びの不足の2点があると考えています。私は保育の観点から、味覚について少し補足させていただきたいと思います。

赤ちゃんの味覚がうまく育たない大きな原因の一つが、現在のベビーフード事情ではないでしょうか。早い段階から市販のベビーフードや化学調味料の味、幼児向けのジュースやお菓子の味に出合ってしまうことが問題だと思います。

生後5ヵ月を過ぎたら、もう「生後5ヵ月からOKのベビーせんべい」とか「生後7ヵ月を過ぎたらベビークッキー」といった商品がスーパーにズラリと並んでいます。こうしたベビー向けの食品はお客さんである赤ちゃんに食べてもらえなかったら買ってもらえませんから、非常に赤ちゃんに媚《こ》びた味つけになっているのです。「生後2ヵ月から飲めるベビー用イオン飲料で水分補給」という商品に早く出合えば、お水や麦茶よりもそちらを好むようになる子がたくさん出てきます。もちろん発熱したときに脱水予防のために、一時的に利用する分には構いません。でもそれを常飲するようになってしまうと、味覚を育てるうえでは非常に問題です。

スーパーに並ぶベビーフード

山口　忙しいお母さんたちが商業ペースに乗せられてしまって、子どもが味覚を開いていく大切な時期に、味覚を育てるような取り組みができてい

玉ねぎは玉ねぎの甘みを。この時期は特に素材の味を赤ちゃんの脳に伝えたい

ないんですね。

素材の味を脳に伝える

清水　近年は赤ちゃんたちが、早い段階から刺激の強い味に慣れすぎていると思います。お店に並んでいるベビーフードを見ると、離乳食を始めたばかりの「生後5ヵ月〜」と書いてあるビン詰の商品が甘味に偏りすぎる傾向にあるようです。赤ちゃんは喜んで食べるでしょうけど、先にそういう味を覚えてしまうと、大根やホウレンソウの旨味を感じにくくなってしまいます。

母乳やミルクしか飲んでいなかった赤

ちゃんが食べ物の味を覚えていく時期というのは、大人が思うよりも非常にデリケートで大切な時期です。ですからうちの保育園の離乳食は素材の味を大切にし、大根は大根の甘さを、玉ねぎは玉ねぎの甘さを、ニンジンはニンジンの甘さを、それぞれの違いを感じられるように、本物を一つずつ与えるようにしています。しかも旬のおいしいものを、大人が選んで与えるのです。

山口　そういう離乳食にしていると、どの子も好き嫌いなく食べる子に育ってくれますか。

清水　はい。ただし、自我が育ってくると今まで何でも食べていた子が急に口を閉じてそっぽを向いたり、ポンポン野菜を放り投げたりする時期があります。そんなときは次々新しい食材を入れてみたり、食感の違うメニューを出したり工夫をします。そうしているうちに、その時期を過ぎるとほとんどの子が前のように何でも食べられるようになるものです。

山口　なるほど。これから赤ちゃんを育てようという人や、これから離乳食が始まるお母さんにはぜひ知っておいてほしいことですね。

子どもに和食の味を伝える

山口 他にも何か、保育園で食について気をつけていることはありますか？

清水 昔から言われていますけど、旬の物を食べるということでしょうか。

山口 旬の物は栄養価が高いうえに、旨味もありますからね。

清水 そうですね。あとは、給食のメニューは和食を中心にしています。

山口 最近の子は、カレーライスやハンバーグなどを、早い時期から食べているなんてことも聞きますが。

清水 そういう物は、もっと大きくなってからでいいと思います。最近は農薬だの着色料だの化学調味料だのという物が増えてきました。また、食材もメニューも洋風ですが、日本人には長い間食べ続けてきた和食が体に合うと思っています。流通が発達したり、文化的交流が盛んになったりして洋食や中華やエスニック料理が日本で流行り始めたのは、たったここ数十年の話です。でも人間も動物ですから、そんなに簡単に体や内臓のつくりは変わらないと思います。

日本人がずっと昔から食べてきた、基本的な食べ物というものがあります。味覚にしてもそう。食材にしてもそう。そういうものを基本とすることがいちばんです。ましてや、味覚も内臓も未発達の小さな赤ちゃんや子どもならなおさらです。小さな子どもだけでなくて、大人だって今の食生活を和食中心に変えることで、健康を取り戻せる人は多いと思います。

山口　なるほど。

清水　今は食材にしても調味料にしても、いろいろと種類が増えてきているでしょう。高度経済成長期の頃から、一般の家庭内にも化学調味料が浸透してきました。「この粉をかけるだけで、回鍋肉《ホイコーロー》ができます」といった、簡単に調理できる商品が大人気だそうです。とても便利で豊かになった反面、ちょっと危険だなと思っています。

また、「本来の日本食文化は古くて、新しい横文字の食べ物がおいしい」という風潮もありますが、私はそれを悲しいことだと思っているのです。日本にだって、素晴らしい調味料がたくさんあります。しょうゆとか、みりんとか、味噌とか。ああいった発酵調味料は旨味を引き出すうえに、体にも非常に良いのです。発酵食品を体に取り入れる大切さについては、東京農業大学名誉教授で、発酵文化推進機構理事長を務めていらっしゃる小泉武夫先生がよくおっしゃっています。「便利」とか「おしゃれ」にばかり飛びつかないで、こうした日本古来の食文化を子どもたちに伝えていけたらいいですよね。最近、和食が世界遺産に認定されたことで再び注目されています。これをきっかけに、和食のたいせつさを子育て中のお母さんたちにも見直してもらえたら嬉しいです。

第6章
子どもの食トラブルを克服する
～偏食や少食を乗り越えよう～

「鯉つかみ」が教えてくれること

今の子どもたちは、自然とふれ合える機会が少なくなりました。ですから、泳いでいる魚の感触を知っている子も、本当に少なくなりました。「魚は切り身しか見たことがないから、切り身のまま海の中を泳いでいると思っていた」とい

大きな鯉をつかまえて嬉しそうな園児

う笑い話を耳にしたことがあるほどです。

うちの園では、毎年の恒例行事として「子どもたちの鯉つかみ」を実施しています。これは夏の終わりに、子どもたちが遊ぶプールの中にひとかかえもある大きな鯉を放し、子どもたちが悠々と泳ぐ鯉を追いかけて捕まえるのです。最初は怖がって手が出ない子もいますが、時間をかけて徐々に慣れていき、最後は全員がつかめるようになります。見事につかめたときの嬉しそうな笑顔は、どの子も輝いています。

無事に全員が捕まえることができたら、今度は魚屋さんやプロの板前さんに協力してもらって、園児たちの前で鯉を実際にさばいていただきます。こうした体験を通して、日頃食べている魚にも命があることを子どもたちに伝え、命の大切さを学ぶ機会にできればと考えているのです。

さばかれた鯉は、その日の給食に使われます。子どもたちは「自分が捕まえた鯉だ」と言って、日頃魚が苦手な子も、不思議とこういうときはペロリと食べたりします。こうした経験から、魚嫌いを克服できた子も少なくありません。

年長さんはその鯉をモデルにして、大きな「鯉のぼり」をつくります。「口は開

鯉のぼりづくりの様子。園児たちが描く鯉はとてもカラフル

子どもたちがつくった鯉のぼりは、運動会のシンボルとして大空を泳ぐ

いているんだ」とか「ウロコはこんな感じだ」などと年長さんたちで話し合いながら、色を塗っていきます。子どもたちが自分でつくる鯉のぼりですから、どこを何色で塗るかは自分たちで話し合って決めるのです。

そうして出来上がった鯉のぼりは、秋に開催される運動会のシンボルになります。毎年園庭の空を元気いっぱいに泳ぐのです。

食文化を子どもたちに伝えたい

食文化を子どもたちに伝えることも、保育園の大切な役割です。ですから保育園では鯉つかみ以外にも、食に関するさまざまな取り組みが行われています。

たとえば、子どもたちが毎日手入れを行う畑もその中の一つです。保育園の隣にある畑では子どもたちが種をまき、苗を植えます。それから収穫まで、毎日草取りや水やり、虫取りをして旬の野菜を自ら育てるのです。夏にはその野菜を使って、年長さんたちが庭の木陰でカレーづくりをします。年長さんの特製カレーは小さな子どもたちにも大人気で、どの子も大喜びです。このように保育園では、汗を流し

畑仕事を頑張る子どもたち

保育園の畑でとれた野菜を使って、年長さんがカレーをつくる

ながら自分たちの手で食べる物をつくり、収穫の喜びをともにする体験を大切にしています。

年末になると、餅つきを行います。地域のみなさんが協力してくださって、大人と一緒に子どもたちも杵《きね》でペッタンペッタンと餅つきをするのです。今では、お正月準備に餅つきをする家庭は少なくなりました。スーパーに行けば鏡餅から切り餅まで売られている時代ですから。

2月の節分には、柊《ひいらぎ》の葉と鰯《いわし》の頭を串刺しにして園舎に飾ります。地方にもよりますが、これは日本の伝統的な魔除けの一種です。園児全員で豆まきをしてから、1年の健康と幸せを祈念して鰯を丸焼きにして食べます。たき火でじっくり焼き上げますから、子どもたちは頭からしっぽまできれいに食べてしまいますし、おかわりをする子もいるほどです。これらは日本の食文化として、大切に子どもたちに伝えていきたいと思っています。

Q1：積極的に食べてくれない子にはどう対応するか？

「自分で！」の時期に食が細い場合に考えられる主な原因

清水　この章では編集部の方が質問を用意されていますので、私と山口さんでそれに回答していく形式になるそうです。

山口　どんな質問がありますか？

清水　まず一つ目を読んでみましょうか。

「1歳3ヵ月の娘が、積極的にご飯を食べてくれません。私がスプーンで口に入れてあげれば少しは食べますが、自分から食べようという姿勢があまりありません。どうしたらもっと積極的に食べてくれるようになるでしょうか？」とのことです。これについては、山口さんはどうお考えになりますか？

山口　この質問に出てくるお子さんは1歳3ヵ月ですから、一般的に言えば「自分で！　自分で！」が出てきています。まだ手づかみ中心ですが、器の物を出し入れしたり、スプーンでつついたりしながら自分の手で得意げに食べていなければいけない時期です。そんな時期の子が自分からは食べようとしない、食べさせてもらっても食が細いということですよね？　ぼくは、いくつかの原因が考えられるのではないかと思います。

まず一つ目は、この時期特有の器への出し入れやスプーンへの自由な関わりが許される環境が、その子の食卓に保障されているかどうかです。まだまだテーブル全体に散らかして食べる時期ですから、それを許してくれる環境を用意する必要があります。

二つ目は、赤ちゃんの時期から味覚への貪欲《どんよく》さが育てられ、自ら食べ物に手を出していく手づかみの保障がされてきていたかどうかです。

さらに三つ目をあげると、日常の遊びが十分に満ち足りているかどうかです。1歳3ヵ月だと、もうお庭で棒きれなどをつかんでよちよち歩いていますか？　まだ歩けない子であっても、机を伝ってオモチャを取りに行ったり、テーブルの物に手を出したりして遊んでいますか？　斜面や段差は、四つ這いや高這いで挑戦していますか？　新しいものを次々に見つけては、遊びをつくり出していますか？

これらのことをていねいに点検して改善してあげないと、一気に食べられる方法はないように思います。

清水　「食べたい」という意欲を育てる時期に、「汚いよ。汚したよ。ほら落としたよ。お口ふいて」と、抑えつける形で食を進めてしまったのかもしれませんね。

子どもと食べているときに、お母さんはどこに座っていますか？

山口　僕が「子どもに対する母親の姿勢」を知るために、1歳を過ぎた子どもを持つお母さんたちによくする質問があります。それが「子どもがここに座って食べていたら、お母さんはどこに座って食べていますか？」という質問です。子どもの座っている位置を、四角いテーブルの一辺に仮定します。すると一番多く返ってくる答えが、「子どもに対して直角の位置にいる」というものです。直角の位置に座るということは、親が子どもの食べるのを手伝ってあげなければという姿勢の表れだと思います。

次に多いのが、子どもの横に並んで座っているという答えです。これも「まだ自分が全面的に手をかけてやらなくては」と思っている位置取りだと思います。

子どもたちは一人で食べる力を持っていると見受けられることが多いのに、お母さんたちがこんな位置に座っているという答えのときには、ぼくはそのお母さんたちに「子どもの合い向かいに座って食べてあげてください」とお話しています。

清水　「1歳を過ぎたら、子どもの合い向かいで食べる」ですか。

山口　1歳になると、自我が形成されてきて「自分でやれるんだ」という気持ちが高まってきます。模倣から動作を取り込み、わがものにしていく力も拡大してきています。

ですから、お母さんが子どもの前で「お母さんも食べよ。おいしい！」などと言いながら、少し大げさな動作で食べてみてほしいのです。すると子どもは、「自分のほうが上手だ。自分のほうがおいしいんだ！」とでも言わんばかりに得意げに食べます。まだまだ食べ散らかしは多いですけれど。

清水　なるほど、私も同感です。うちの保育園の親御さんたちにも、子どもと一緒に「おいしいね」と言って食べてくださいと伝えています。

マネっこが食べる意欲につながる

山口　それに、1歳って何でもマネっこをし出す時期でしょう。よく大人のマネをしては、「自分だってオトナになった」という気分になっています。だからお母さんが「これもおいしい、これもおいしい」と食べていると、子どもも苦手な物に手を出すものです。苦手な物を口に入れたときに「うわー、素敵」なんて褒めてあげると、得意になってさらに食べます。お母さんが噛み噛みを見せると、「自分だってできるんだ」と言わんばかりに噛み噛みをします。

子どもが自分の器に苦手なものを残していたら、お母さんが「あっ、これおいしそう。お母さん食べていい?」などと言って、子どもの器に手を伸ばしてみてください。自我がしっかり育ってきている子なら、「いや」と大人の手を払いのけ、自分がそれを取って口に入れたりします。何と言っても、「自我と模倣の1歳児」ですから。

清水　園に見学に来る親御さんの相談を聞いていると、「子どもに食べさせているから、私が食べる暇がないのです。子どもに食べさせ終わったらもう子どもが構ってくれって来るものだから、私は立ったまま急いで流し込んでいます。子どもがいると、忙しくてご飯を食べる暇すらありません」という苦労話を耳にします。これでは完全に悪循環です。お母さんが大変なうえに、子どもの食べる意欲も育ちません。そして子どもの食べる意欲が育っていないものだから、少しでも食べてもらおうと思って一生懸命食べさせます。

山口　1歳にもなると、「子どもを先に食べさせて、自分はあとで食べよう」というのはダメだと思います。人間以外の動物だって、親が食べる姿を見せながら子どもに食べ方を教えていくでしょう。

清水　そうですよね。1歳を過ぎたら模倣も豊かになってきているわけですから、見たものは何でも自分もやろうとし出します。そんな子どもと毎日向き合って食べていると、お母さん自身の食生活、食べ方、食との向き合い方、そういうものを全部子どもが感じるのです。だからお母さんが子どもの様子を心配しながら食べさせてあげるよりも、お母さん自身がおいしそうに食べてあげることが何よりも大切だと思います。お母さんが食事をほんとうにおいしいと思いながら食べていれば、子どもはその姿をじっと見て、食事のおいしさを知るのです。子どもは親のことを、ほんとうによく見ていますから。

Q2：子どもが集中して食べてくれない
自由で、子どもの興味を持続させる食卓づくりを

清水　では次の質問です。「生後10ヵ月半の息子は、食事を集中して食べてくれません。すぐに遊びに行ってしまうので、少しでも長く座っていてもらうためにテレビをつけてしまいます。これでいいのでしょうか？」

いいのでしょうかと聞かれていますが、これはいけませんね（笑）。

山口　そうですね、良くはないと思います。テレビに頼って座らせていたって、気持ちが食に向いていないなら無意味です。

清水　食事にとっても意味がないうえに、生後10ヵ月半の赤ちゃんにとってテレビは光と音の刺激が強すぎて有害です。

山口　1歳前後の子どもが食事に集中できるのなんて、せいぜい10分か、長くても

15分程度です。ましてや「自分で！」という手づかみ食べが始まったばかりの10ヵ月半頃の子どもであれば、まだはっきりとした食事と遊びの区別もあるわけではありません。「あっ、食べられる！」という、本能に近い興味に引かれて食卓に着くのです。その食卓の上の物が子どもの興味を持続させるものでなかったり、手づかみ食べやスプーンでの遊びなどが許された食卓でなければ、子どもはすぐに食事に飽きてしまいます。それにこの時期の子どもは、ミルクでお腹がいっぱいになっていたり、食事前に十分な遊びができていなかったりしても、食事には集中できません。

この10ヵ月半の赤ちゃんの食卓は、テーブル全体に食べ物が散らかっても良いようになっているでしょうか？　床は、汚れても大丈夫ですか？　すぐに卓上から落とされてしまうかもしれませんが、スプーンやお皿は食卓にのっていますか？　こんなことを問い返してみたいですね。

それから10ヵ月と言えば、赤ちゃんは食べ物を見つけると自分で這い寄っていくし、机につかまって立ち、椅子にも座ります。質問者の方は、まず子どもを椅子に座らせておいて、それから食事の準備をしていませんか？　それも、食事への集中力を削《そ》ぐ原因の一つです。10ヵ月になれば、先に食事の準備をしてください。子どもはそれを見つけて、自分で席に着きます。上手に座れていなければ、それを直してあげればいいのです。

清水　そうですね。子どもに食への興味を集中させるには、月齢に応じた食の環境を整えてあげなければいけません。お母さんが先回り先回りして子どもを型にはめてしまうのでなく、その子に芽ばえてきている興味や意欲、自我をフルに信頼して食に向かわせることがとても大切です。

親が食のあり方を見せ続ける

山口　10ヵ月半では食事に集中する時間が短かった子も、1歳を過ぎるとかなり集中して食事が摂れるようになってくるのです。中には1歳を過ぎても気が散って食事に集中できない子や、逆に「だらだら食べ」でいつまでも食べ物を口に入れている子がいます。こんな子どもたちのお母さんには、次のようなことを話しています。お母さんはとにかく、子どもの合い向かいの席でおいしく食べてあげてください。

お母さんが楽しく食べる姿を見せることがたいせつです。お母さんがゆっくり自分の分を食べ終えて、お茶でも飲みます。それでもまだ子どものお皿に食べ物が残っていたら、自分の食器を片づけるタイミングで「食べてしまわないと、もう片づけるよ」と声をかけながら自分の食器を片づけ始めます。そのときに子どもの食器を見て、子どもがあまりにも食べていないようでしたらお母さんが、さっさとスプーンで子どもの口に入れてあげてもいいでしょう。それから、食器は親の食器と一緒に片づけてしまいます。

1歳過ぎからは、そういう「食べるときは食べる。終わったら片づける」というメリハリのある区切りをつくっていってあげることも大切です。本人が全部食べるまで残しておいても、集中していなければ結局食べきれません。だらだら食べの子は、いつまでもそれにこだわってほかの遊びにも向かえません。

清水　赤ちゃんはまだ遊びと食事の区別がきちんとついていないし、1歳になっても食べている途中で遊ぶことはよくあるでしょう。でもそれは、お母さんが「ダメよ」と叱るべきことではありません。それより今山口さんがおっしゃったように、お母さんが毎日けじめのある食事姿勢を見せることです。おいしく食べて、食べ終わったら「ごちそうさま」と言って切り上げます。そういう姿を、毎日毎日赤ちゃん期から子どもに見せていくと、子どもも次第に「ああ、食べるときは食べて、食べ終わったら切り上げるものなんだな」と学んでいきます。もちろん1回や2回ではそうなりませんが、その姿勢を見せていくことが大切です。

それに意外とできていないのが「お腹を空かせる」ということです。

山口　そうですね。

たくさん遊んで、お腹を空かせる

清水　もちろん保育園にいると決まった時間にしか食事が出てきませんから、しっかりお腹を空かせてから食事の時間を迎えることができます。でも家で育っている子どもたちは、食べ物でご機嫌をとることもあるようです。子どもがぐずったときは散歩に出て体を動かし、気分を変えるのも方法の一つかと思います。食事の時間以外には、食べ物を子どもに与えないようにしたいものです。

山口　おやつの与えすぎもそうですが、ぼくは家庭にいる子は相対的に遊びが足りていないのではないかと思いますがどうでしょう？

清水　そうですね。生後10ヵ月だとか1歳と言うと、うちの保育園にいる子どもはホールを這い回ったり、園庭の小山に這い上ったり、水や土に手を出したりと、忙しく体を動かして遊んでいます。お部屋ではオモチャ箱からオモチャを引っ張り出したり、紙破りをしたりも盛んです。家ではこんな遊びが、なかなかできないのではないでしょうか。

コップを使えるようになったら断乳を

山口　あと、いつまでも母乳やミルクに頼っていても、離乳食や普通食に切り替わっていきにくいと思います。

10ヵ月過ぎから手づかみ食べが進み、1歳前には柔らかめで細かくしたご飯やおかずで大人の食事に近い物が食べられるようになってくるはずです。そうなったら、1歳のお誕生日を目途《めど》にすっきり断乳したほうが良いとぼくは考えています。そのほうが食事が進むようになりますし、お乳を求めて夜起きることもなくなるので、夜の睡眠も深まるからです。それに、自我を育てていくうえでも大切だと思います。だから1歳前の子どもを持ったお母さんには、こう勧めています。「子どもが、お水の入ったコップを両手で上手に持ち上げて自分で飲むようになったら、もうその子には乳首はいらなくなったと考えて断乳の準備をしてあげてください」と。自立に向かっての自我が誕生し、形成されていくこの時期に母親の乳首から離してやらないと、1歳半や2歳になると離乳することが非常に難しくなるからです。そのうえ、「自分でやれる」という自我が育つ足を引っ張ることにもなるのです。

今は、「断乳」という言葉に代わって「卒乳」という言葉が使われるようになりました。卒乳とは2歳になっても3歳になっても、子どもが「もういい」と言うまで母乳を与えるという方針です。ぼくは、どの子にもそうすべきという考え方には疑問を持っています。

清水　卒乳ということで、1歳をだいぶ過ぎても母乳を飲ませるお母さんは増えてきていますね。全員とは言いませんが、なかにはお母さんがいつまでも母乳をあげたいと頑張るあまり、肝心の子どもの意欲や食べる力が育っていないことがあります。

母乳に替わる「心の栄養」を

山口　昔は1歳を過ぎても母乳から栄養を摂らなければ、子どもを育てていけない時代もありました。今でも発展途上国では、そういう栄養状態の国がたくさんあるのも事実です。ですからWHO（世界保健機関）などは全世界に情報を発信する立場上、少し長めに授乳期間を設定しています。しかし現在の日本は、そんな貧困状態ではありません。日本の食糧事情であれば、離乳食だけでも十分に栄養が摂れます。1歳児は食べるのが下手で、食事だけではお腹が満たされたかどうかが不安だというのであれば、食事の最後にミルクの入ったコップを出してあげればいいのです。1歳になれば、乳首からは卒業しましょう。この頃には、母乳の免疫効果ももうあまり期待できません。

現在の日本で多くのお母さんたちが卒乳に気持ちを向けていくのは、栄養補助だとか、母乳の免疫機能などという問題ではないのでしょう。それよりも親子の愛着関係をつくっていくためのスキンシップや、「子どもの心の栄養」などといったところにあるのだと思います。もしそうだとしたら、自我が生まれた1歳過ぎの子どものスキンシップは母親の乳首を介したもので良いのでしょうか？　それよりも、親子で抱き合いながら転げ回って遊んであげたほうが良いと思います。痛くて泣いたり、悲しくて泣いたりしたときの慰めは、乳首を介したもので良いのでしょうか？それよりも抱きしめてさすったり、頬ずりしてあげたほうが良いと思います。うれしいことがあったときや何かをやり遂げたときに、共感してあげたり、褒めてあげたりすることも、この時期の子どもには欠かせない大切なスキンシップなのです。「心の栄養」なら、寝る前に絵本を読んであげたり、お話をしてあげたりすればいいと思います。静かに子守り歌を歌いながら寝かしつけてやるのも良いと思います。食事のときにお母さんが子どもの前で楽しく食べてあげることだって、大切な「心の栄養」です。

Q3：子どもが食べてくれないので、母親が子どもを追いかけ回して食べ物を口の中に入れている

「なんでぼくだけ食べなきゃいけないの？」

清水　次の質問です。「離乳食を始めたのですが、あまり集中して食べてくれません。食事中に、すぐにハイハイして行ってしまいます。ですから私（お母さん）がハイハイする赤ちゃんを追いかけて食べさせているのですが、これでいいのでしょうか？」ということです。

山口　この赤ちゃんは、生後8～9ヵ月頃でしょうか？　先ほどの質問の中でもふれましたが、ハイハイを始めたばかりの赤ちゃんでしたら「今が食事のときだ」とか「遊びのときだ」などという区別はありません。6ヵ月前後から離乳食に取り組んできた子であれば、ハイハイの時期にはお母さんが持っている離乳食を見つけると這い寄って来るはずです。しかしお母さんも離乳食を食べるマネなどをして楽しい雰囲気をつくってあげないと、子どもは他のものに興味を移してしまいます。それから離乳食を置いたテーブルの上には、8ヵ月児や9ヵ月児もつかめるような野

菜スティックなどが用意されているでしょうか？　離乳食をスプーンで食べさせてあげながらも、手に持たせてあげられるようなものも必要なのです。

9ヵ月前後になったら、柔らかく煮た豆の大きさくらいの野菜を数個お皿に入れて子どもの前に差し出してみてください。すると、親指と人差し指で挟んで口に運べるようになってきています。ときどきは、メインの離乳食に手を入れてぐちゃぐちゃすることもあります。「周りを汚さないように、お母さんがスプーンで口に入れてあげるものだけを食べなさい」では、子どもはあちらに行ったりこちらに行ったりしてしまいます。それから、空腹になるまで子どもは遊べていますか？　しっかり遊べた日は、しっかり集中して食べられます。

10ヵ月頃からは、手づかみ食べも始まってきます。テーブルの上にも、床の上にも食べ物が散らかるでしょう。こんな食べ方をするようになっても、「自立への芽が生まれてきたんだ」と、お母さんたちは喜んであげてほしいと思います。

清水　そうですね。

山口　「食べることが楽しい」「お腹が空いたから食べたい」「食べておいしい」な

どといった状態を、赤ちゃんの時期からつくってあげることが大切です。

清水　ほんとうですね。「食べたい！」という意欲が育っていないと、食事を食べさせられているという受け身な状態になってしまいます。これに加えて、月齢が早いうちからベビー菓子の甘味などを教えてしまっていたら、なおさらです。

まずは、お母さんと子どもが楽しく離乳食に向かうことから始めましょう。それから、しっかりとお腹を空かすこと。市販の甘いお菓子のような間食はやめましょう。午前中は外気にもふれて、十分に遊ぶことができればいいですね。生活のリズムが崩れてしまっては、食欲に影響します。早寝早起きや食事の時間、遊びとお昼寝の時間など、メリハリのある形で生活のリズムをしっかり整えていってあげることも大切です。

Q4：硬い物が飲み込めない
上半身の筋力を育てましょう

清水　次の質問です。「うちの子は2歳になったというのに、硬い食べ物を飲み込むことができません。噛みきりにくい肉などはいつまでも噛んでいて飲み込めず、これは嫌だと言って残したりします。どうしたらいいでしょうか？」とのことです。

山口　この子は、噛む力が弱いのかもしれません。赤ちゃんの時期にお腹をついたずりバイや、ハイハイをいっぱいしてきたのでしょうか。それに離乳食の時期は野菜スティックのようなものを、「あむあむ」と食べてきたのでしょうか。

噛む力を含めた顔の周りの筋力は、腕を使う運動などとともに育つという話は先の章でしました。ただ噛む練習だけでは、子どもは飽きるかもしれません。日常の遊びの中で庭にスコップで穴をあけたり、土の入ったバケツを運んだりするなどして腕や上半身を使う活動をいっぱいしていくと、顔や首の周りの筋肉も育ってきます。リズム遊びやハイハイ、手押し車も良いでしょう。

清水　どんぐり・どんぐりっこ保育園などがやっているようなリズム遊びを毎日やれば、足りない部分の筋肉も万遍なく使っていくことができると思うのですが……。お家にいる子どもたちはなかなかそうもいきませんよね。それに広い庭のない家庭では、土運びや水運び、穴掘りなどもそうそうできません。

それであればということになりますが、まずは家庭で出すおやつを工夫して、咀《そ》嚼《しゃく》を促してみてはいかがでしょうか。たとえば塩抜きしたするめや煮干しなど、噛めば噛むほど味が出るおやつを与えてみてください。毎日続ければ、だいぶ顎の力を育てられると思います。

山口　保育園には、途中入園などであまり噛めない子どもも入ってきますよね。どのようなフォローをしているのですか？

清水　いろいろな子どもが入園してきますからね。中には「偏食がひどいな」「言葉が遅いな」などという子もいます。そんな子のお母さんにそれまでの育ちを聞いてみると、ハイハイの時期を飛ばした子が多いのです。

そういう子を保育するうえで大切なのは、「他の子と比べない」ということだと思っています。「2歳ならこれくらいできるはずだ」と思ってその子を見るのではなくて、「この子は今、どの段階にいるのかな」と、純粋にそれだけを見るのです。そしてハイハイが足りていないと感じたら、そこまで戻って接してあげるように心がけています。そういう子に、「肉も残さず食べなさい」と言っても無理です。その子が食べられないようなら、お肉を小さく切ってあげたり、食事の段階もさかのぼってあげます。そしてリズム運動や遊びの中でなるべくハイハイなどの上半身を鍛える遊びを増やして、根気強く上半身の筋力をつけていくように心がけています。そうやって体をつくっていくと、いずれ食べられるようになります。だから焦らず、その子の足りていない部分を一歩ずつ積み上げるといいですね。

山口　なるほど。大人が子どもを見て「何歳なのにこれができていない、やらせなくては」と焦るのではなくて、子どもが今持っている力を受け止める。そこから伸ばし、広げていってあげることですよね。一歩一歩を、子どもと楽しみながら。

清水　まったくですね。

Q5：好き嫌いが多い
同じメニューを食べる大切さ

清水　これが最後の質問です。

「うちの子は好き嫌いが多くて困っています。お姉ちゃんはお野菜ばかりで肉をほとんど食べませんし、弟は反対に肉や魚ばかりで野菜やキノコをまったく食べません。ですから食事のたびにお姉ちゃんにはお野菜の料理を、弟には肉の料理を別々に用意しなければならず、とても大変です」とのことです。わざわざ子どもたちが食べられるメニューを別々につくらなければいけないのであれば、それは本当に大変だと思います。

山口　これも、噛む力が育っていなかったり、味覚に偏りができてしまっていたりと、身体運動や感覚の面などに育ちの弱さがあるのではないでしょうか。何歳かはわかりませんが、そんな弱さを残しながらこの年齢まできている子どもたちだと思います。意欲の面では、どんな姉弟なのかが気になります。確かに生まれながらの体質として、少食の子もいます。でも先天的な味覚障害などがないのなら、偏食が強いというのはその子たちの育ちに何らかの問題があるのではないかと思います。

ぼくらが子どもの頃は終戦間もない頃でしたから、食糧事情はよくありませんでした。野の草や山菜なども食べなければいけない時代でした。そんな中でも、苦手な食べ物もありました。しかし、何でも食べなければお腹を満たすことができなかったので、偏食なんて言っていられなかったのかもしれません。

ところが今は偏食だ、好き嫌いだという子が本当に多くなりましたね。これには、現代の豊かな食糧事情や、子育て環境などもかなり関係しているのかもしれません。この質問者のご家庭は、その子の好き嫌いに合わせてメニューを変えています。ぼくたちの頃は、子どもの好き嫌いに合わせて家族が別メニューなんてことは考えられませんでした。

清水　食事は、一人ひとりがそれぞれにお腹がいっぱいになればいいというものではないですよね。それよりも、家族で同じ物を食べて「これおいしいね」「今日のこれは硬かったね」「甘いね」「辛いね」「しょっぱいね」などと話しながら、同じ物を食べることが大切だと思います。

保育園でも、好き嫌いがある子はいます。でも、保育園のような集団生活だと、克服できるチャンスが多いのです。周りで同じ物を、みんながおいしそうに食べているわけですから。

山口　給食はアレルギーがある子など、特別な事情がある子以外は、クラスみんなが同じメニューですからね。給食をきっかけに食べられるものが増えた、という話はよく聞きますね。どんぐり・どんぐりっこ保育園では、偏食や好き嫌いが多い子にはどのように対応していますか？

声がけしながら根競《くら》べ

清水　好き嫌いが多い子はいますよ。中にはこっそり下に落としている子もいます。でもそういう子の行動は、ちゃんと担任の保育士にはわかっていますから、「あら落としちゃったの？　でも大丈夫よ。まだまだあるから！」と言って同じものを少しお皿にのせてみたりして（笑）。

「食べなさい」と叱りつけることはしませんが、大人と子どもの根比べです。「今日はこれ、ひと口だけ食べてみる？」とか、「私もこれ食べるから、あなたもこれ少し食べてみて？」とかいろいろな声がけをしながら、少しでも食べさせるようにしています。そうして嫌いな物でもひと口は食べさせるようにしていると、年長になる頃にはたいていい食べられるようになってきます。

山口　他の兄弟や大人にはこれは出すけど、この子はこれが嫌いだから出さないなどと、最初から「この子はこれを食べられない」と決めつけて対応するのは良くないですよね。

清水　私は、そう思います。「この子はしいたけが嫌いだから、わが家ではしいたけは食卓に出しません」というのは、その子が好き嫌いを克服するチャンスを奪ってしまう行為ですから。

実際にうちの園でも、しいたけが苦手な子がいました。給食で出ても、全然食べなかったのです。職員は毎回無理強いはしませんでしたがある日、お友だちがおいしそうに食べているのを見て、突然食べることができたのです。子どもってそういう瞬間があるんですよね。ふと、「食べてみようかな」ってひらめく瞬間が巡ってくると言いますか。

そうしたら、「今日しいたけ食べられたよ！」ってみんなに自慢して歩いて（笑）。「すごいね！」「偉いね！」「食べられたの!?」などと言って、みんなから祝福されていました。その子はもう、鼻高々です。

山口　苦手を克服できて自信がついた様子が、目に浮かぶようです。

清水　この質問者のように、お母さんによっては子どもが嫌いな食材はなるべく食卓に出さないようにしてしまいます。しかし、子どもにとって「できることが増えた」「幅が広がった」というのは大きな喜びなのです。ですから克服する喜びを感じられるように、子どもの好き嫌いとは関係なく、毎日の食卓にはバランス良く料理を並べてあげてほしいと思います。このときに無理強いは良くありませんが、「ひと口だけでいいから食べてみて」という言葉をそっと添えてあげられるといいですね。これを根気強く続けていけば、いつか克服できる日が来ると思います。

第3部

子どもたちの幸せを願って

第7章　朝ご飯をしっかり食べる
～朝食と生活リズムの大切さを知ろう～

午前中に調子が出ないのは〝朝食〟のせい？

幼い子どもたちにとっては、午前中に全身を使って思い切り遊べることが大切です。ところが中には朝から床にゴロゴロしていたり、外に出たがらず部屋にこもりがちな子どももがいます。そういう子は寝る時間が遅く、朝早くに起きられない子が多いのです。朝が遅くなると朝食が満足に摂れなくなります。

このように「午前中に調子が出ない子」は、小学校に上がってからも苦労します。小学校では、1時間目から4時間目までの授業はすべて給食前です。午前中に調子が出ないと、大半の授業を集中して受けることができないことになります。

この章の対談のテーマは、朝食のたいせつさと生活リズムのつくり方についてです。朝食は、手づかみ食べと同様、食に関する親御さんの頑張りどころの一つなのかもしれません。

朝食が不十分だと何がいけないのか

清水　保育をしていると、「午前中に調子が出ない子」が何人かいます。決して遊ぶ力が育っていなかったり、知的な面や情緒に問題があるわけではありません。それなのに、午前中はほとんどボーっとしていたり、グズグズ泣いてばかりで気持ちを立て直すことができない子たちがいるのです。

そういう子の保育日誌を確認すると、たいていの場合は朝食が足りていません。朝食の欄に「パン、乳飲料」と書いてあったり、車の中でおにぎりを一つ食べさせながら登園していたりします。忙しい親御さんからすれば、登園前にパンやおにぎりを食べさせれば「ちゃんと朝食を摂らせた」と感じていらっしゃるのかもしれません。でも、実際に子どもの午前中の様子を見ていると、十分に朝食が足りていないように思えるのです。ですからこの章では山口さんと一緒に、子どもの発達にとって朝食が持つ意義を考えてみたいと思います。

山口　朝食は大人にとってもたいせつですが、体も心もこれから成長・発達していく子どもにとっては、大人以上にたいせつに考えなければいけないと思います。

最近は、朝何も食べない大人が多くなったと聞きます。そんな流れに乗ってか、子どもの朝食も軽いもので済ませる家庭が多くなってきているように思います。

清水　朝食を軽く済ませるご家庭は往々にして週末の起床時間が遅く、休日は親も子もゆっくりと寝ています。そういう親御さんは午前中のわが子の活動量が下がっていることについてあまり気づいていないのかもしれません。でも、朝食を食べてこなかった子は明らかに元気がないし、活動量も少ないのです。

山口　食事は活動のエネルギー源ですからね。朝ご飯を食べないと午前中の活動量に影響するし、活動への意気も上がらないと思います。それに、体の成長が著しい乳幼児期・少年期には、タンパク質やカルシウムといった栄養もしっかり補給して

朝食の摂取状況と学力調査の平均正答率との関係

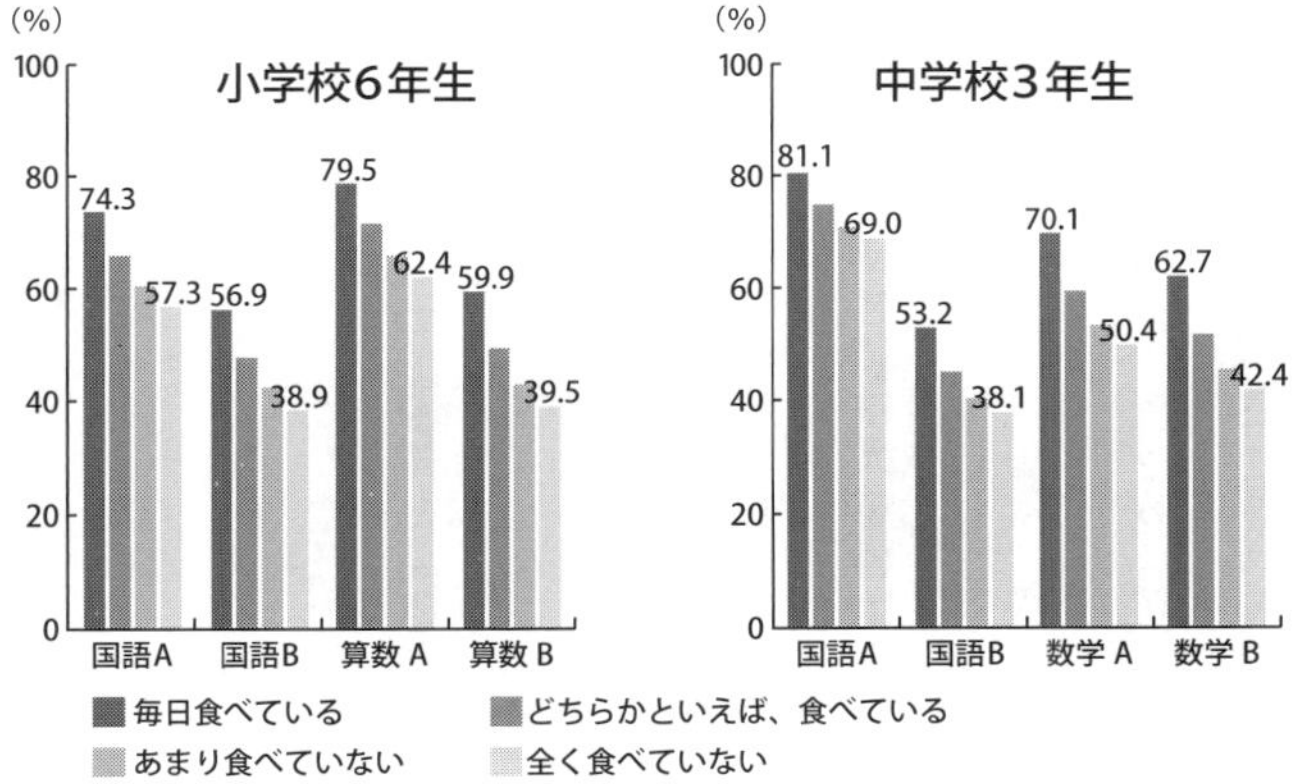

（出典：「平成27年版食育白書」内閣府）

朝食の摂取状況と新体力テストの体力合計点との関係

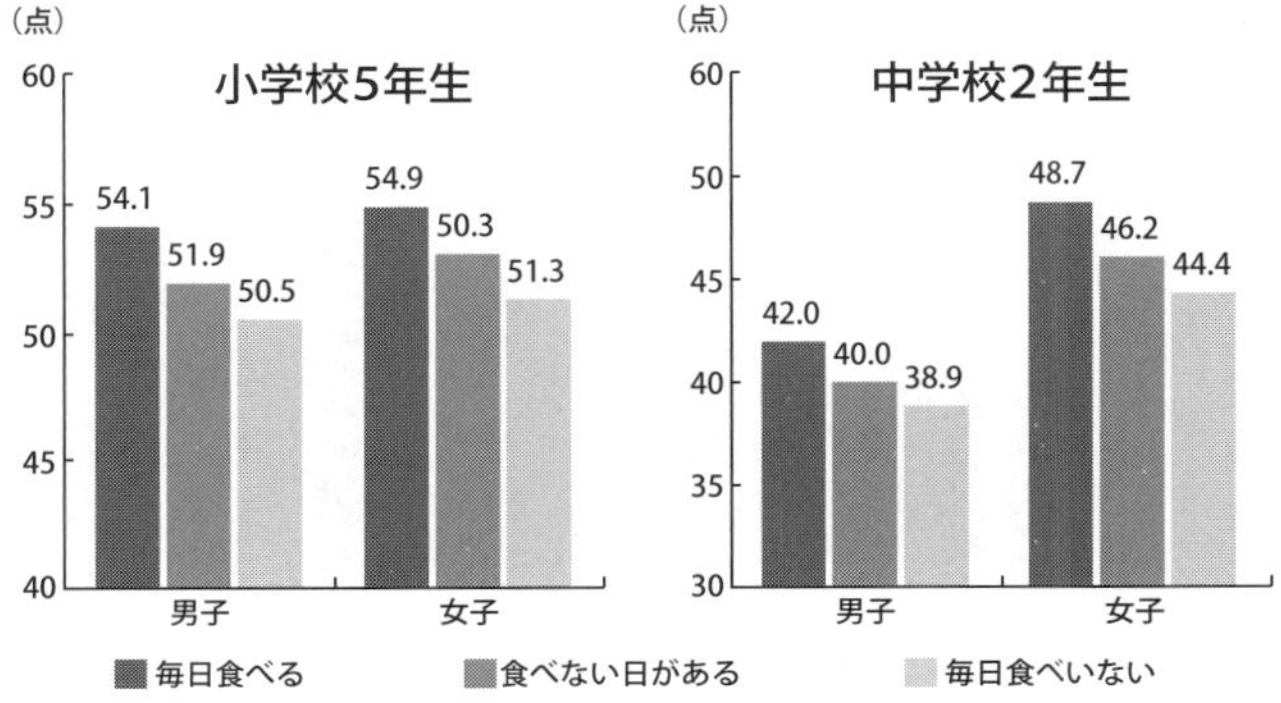

（出典：「平成27年版食育白書」内閣府）

あげる必要があると思います。

文部科学省では「全国学力・学習状況調査」において、朝ご飯を食べる子と食べない子に着目した学力分析を、何年かに渡って実施してきています。そのデータにも、「朝食を食べない子は成績が上がりにくい」という結果が示されています。学力面だけでなく「全国体力・運動能力、運動習慣等調査」においても、毎日朝食を摂っている子どもたちのグループが、体力合計点が高い傾向にあることもわかってきているのです。

清水　やはりデータで見ても、朝食を食べないことの問題点は明らかですね。

高度な脳の働きには大量のエネルギーが必要

山口　活発な身体運動には、当然たくさんのエネルギーが必要です。実は学習活動のような知的活動においても、その脳内で身体運動に負けないほどエネルギーが使われているのです。ですから朝食でエネルギー源となる栄養が十分に摂れていないと、運動面にも、学習面にも影響が出てくるのです。

就学前の乳幼児にも同じことが言えます。どんぐり・どんぐりっこ保育園のように毎日ホールでリズム遊びをしたり、広い園庭や近所の自然の中で仲間たちと一緒に体を思いっきり動かして遊ぶような園では、朝食を十分に食べていないとみんなの動きについていけません。自分で遊びをつくり出したり、友だちをつくっていくこともできないと思います。

実は、一般的な「設定された保育」より、自分たちで自由に遊びをつくり出しながら遊ぶことのほうがずっと多くのエネルギーを使うのです。あらかじめ設定された保育は一定のやり方を習得すればそれに従って動いていればいいわけですが、「自由に遊びをつくり出す」ということは常に大脳を働かせ、その都度の変化に応じて体の動きや、周りの人たちとの関係も変化させていかなければいけません。頭を使い、体を使うのでエネルギーの消費は相当なものです。朝食を食べていなければ、エネルギーは途絶えてしまいますよね。人のすることをボーっと見ているだけ、という子になりかねません。

清水　同じ運動量でも、頭を使うとエネルギーの消費が多くなるのですね。だからうちの保育園のように自分で考えて動く機会が多いと、朝、十分に食べていない子は、ボーッとしてしまうのですね。

山口　その分しっかりした朝食が求められると思います。

朝ご飯で摂りたい栄養素

清水　うちの保育園では、「子どもの十分な活動を保障するために、朝ご飯はパンではなくてご飯とみそ汁を中心にしてください」と親御さんたちにお願いしています。子どもたちの様子を見ていると、朝食がパンの子はお腹が空いてしまって給食までもたないようで、やはりお米のほうが、腹もちがいいようです。

ところが親御さん自身がパン食のライフスタイルだと、このお願いはなかなか理解を得られません。さらに親御さん自身が朝はコーヒーしか飲まないというご家庭なら、なおさらです。山口さんは、朝食の内容についてはどう思われていますか?

山口　そうですね。朝の主食はやはり、パンよりお米のほうが良いかもしれません。パンは消化が速いので、ご飯のほうが腹持ちすると思います。炭水化物は、大切なエネルギー源です。その日の子どもの活動を支えるためにも、朝しっかりご飯を食べてくることは大切だと思います。お味噌汁の味噌には、整腸作用や、排気ガスなどから取り込む有害物質を消す作用などもあると言われています。お野菜も入れてあげると、ビタミンやミネラル類も補給できます。

ミネラル類と言えば、乳児期後半の手づかみ食べが始まる頃に、鉄分が不足するようになると言われています。鉄分は血液の大切な成分になり、全身に酸素などを運んでいることでよく知られています。そのほかにも〝快〟を感じる脳内ホルモンであるドーパミンが生成されていく過程で欠かせない物質であることも知られています。最近は多動ぎみの子や、人間関係がうまくつくれない子などが多くなってきています。そんな子どもたちのドーパミンの働きの弱さとの関係も次第に明らかになってきています。鉄分はホウレンソウなどの野菜や海藻類からも摂れますが、豚や鶏のレバー、煮干し、貝類などにも多く含まれています。

それから、タンパク質も必要です。大豆製品などの植物性タンパク質もいいですが、動物性タンパク質も摂れるようにしていくことがたいせつだと思います。主な動物性タンパク質は、お魚やお肉類です。魚などにはカルシウムも豊富に含まれています。カルシウムは、成長過程にある子どもたちの骨格の形成には欠かせません。

タンパク質は、子どものアレルギーなどへの反応を見ながら徐々に増やしていきます。肉類の摂取は脂身を除いたものから始めます。タンパク質は筋肉など、日々成長していく体の大半をつくっていくのに必要な栄養素なのです。子どもの成長に大きく関与する成長ホルモンも、実はタンパク質の中の物質をもとにしてつくられます。とりわけ離乳食が進んで授乳の量が減ってくると、朝食においてもタンパク質の補給を忘れてはいけないと思います。

朝食は主食、主菜、副菜で

清水　「子どもの体は夜寝ている間につくられるから、夕食がいちばん大切だ」と考えている親御さんが多いように思います。

山口　そうですね。でも成長が著しい子ども時代は、成長ホルモンの分泌が活発で昼間も体がつくられているのです。夜はノンレム睡眠と言われる深い眠りの中で、

和食中心の朝食

とりわけ午後10時から午前2時頃までの眠りにおいて、成長ホルモンがよく分泌されると言われますが、昼間も、全身を使った運動などによって成長ホルモンの分泌が促され、体づくりが行われているのです。ですから、朝や昼にもタンパク質の補給が必要なんです。

朝食が簡単になってしまうのは

清水　共働きなので朝が忙しく、朝食は菓子パンやバナナなどで済ませてしまう場合もあるようです。そのために、夕食の支度には時間をかけている家族が多いとも聞いています。仕事が終わって子どもを迎えにきて、家に帰ってから夕食をつくります。そうすると食べる時間やお風呂の時間も遅くなってしまいます。その結果として、子どもの就寝時間も遅くなってしまう傾向が見られます。

就寝時間が遅くなると、朝起きるのがつらくなります。そこで朝はギリギリまで寝ていて、起き抜けにパンを食べさせようとするのですが、子どもは眠くてお腹が空いていないので満足に食べられないわけです。こうして「朝ご飯が十分に摂れていない子」が登園してくることになります。

山口　悪循環ですね。現代の朝食を軽視する食生活は、高度経済成長期以降に大人の労働形態が変化してくる中で顕在化してきたのかもしれません。ぼくの子ども時代を思い起こすと、昭和20年代から30年代前半にかけてでしたが、身の周りにいる大人たちの仕事は農業や漁業、山の仕事、土建業などに携わる人が多かったように思います。町の工場に勤める人たちも、体をフルに使って働く人が多かったものです。だから朝のあわただしい中でも、しっかりと食べて出かけていました。

高度経済成長期以降になると肉体労働が減り、機械に管理された労働が多くなりました。それに伴い、手の技や頭を使う活動も少なくなり、労働にそれほど多くのカロリーが必要でなくなったのかもしれません。

確かにぼくたちの子どもの頃から、朝食より夕食の品数のほうが多かったものです。夕食は、一日の仕事から解放されて家族みんなでくつろぐ場でもあったのです。だからと言って、朝食を軽視して食べないということはありませんでした。ぼくが生まれ育った集落は山の中でしたが、海からもそれほど離れていませんでした。そのおかげか、忙しい朝の時間でもご飯やみそ汁の匂いに混じって、あちこちから魚を焼く匂いがしてきたものです。

夕食は食べる時間帯も大切

山口　現在は、夕食を摂る時間帯にも問題があると思います。先ほど、夜間の成長ホルモンは10時から2時頃までによく分泌されると言いました。それには深い眠りについていることと、夕食から3時間ほどは経っているということが条件なのです。ですからかつては夕食をたっぷり食べても、7時頃までには食べ終えていました。

子どもたちの体は、10時頃には成長ホルモンに潤されました。でも今は一般的な家庭では、夕食が7時前後、遅い家庭では8時近くになることも少なくありません。これでは成長ホルモンの働きにも影響が出てしまいます。

成長ホルモンは体の成長を促すだけでなく、昼間の運動で疲れた筋肉の回復や紫外線で傷ついた皮膚の修復にも関わっています。ですからそれが機能する時間が短くなれば、皮膚がざらざらしたり、風邪にかかりやすくなったりするなど、いろいろ弊害が出てきやすくなります。また、夕食が7時や8時では、昼食から夕食までの時間が開きすぎます。3時頃に軽いおやつを食べても、幼児などは夕食までお腹がもちません。結局間食のおねだりも多くなってしまいます。

清水　その通りですね、ですから夕食を簡単にして、少しでも早く寝かせてほしいというのが本音です。

山口　そうですね。特にどんぐり・どんぐりっこ保育園のおやつのように、栄養バランスのとれた手づくりおやつが3時頃に食べられるなら、夕食は簡単なもので良いと思います。できるだけ早い時間に食べて、早く寝かせることに気を配ってほしいですね。お父さんが勤めから帰ってこなくても、子どもとお母さんで6時前には夕食にすれば良いと思います。

その代わり、朝は早く起きます。幼児であれば朝食前にひと遊びしたり、おうちの人と家の周りを散歩したりして、しっかりと目を覚まします。それから、6時過ぎには家族揃って朝食です。一家団らんの食事は、朝にすれば良いと思います。子どもと一緒に、親御さんも5時に起きれば、しっかりした朝食がつくれるし、夕食の一品を朝のうちに用意しておく余裕も生まれます。

清水　そうですね。まったく同感です。

赤ちゃんは7時、幼児は8時までには寝る

清水　うちの保育園では親御さんに、「赤ちゃんは7時に、幼児は8時までには寝かせてほしい」とお伝えしています。それでも保育日誌に「夜11時就寝」と書いてくる親御さんもいらっしゃるので、どうしてそんなに遅くなるのか聞いてみたことがあります。すると「子どもだって眠くなったら寝ると思うので、無理に寝かしつ

けはしていません。うちの子は体力があるのか夜の11時まで元気なので、親と一緒に寝るのです」とのことでした。でもその子は、朝が眠いのでしょう。毎朝ギリギリまで寝ていて、朝ご飯をほとんど食べることができず、午前中は保育園でボーッとしている様子が多く見られました。

つまり親御さんは「体力があるから11時まで起きていられる」と思っていたようですが、実際は体内時計が狂っている状態だったのです。朝食についても、「うちの子は少食だから、朝食はあまり食べない」とおっしゃっていたのですが、実際は睡眠不足で頭がすっきりと目覚めていないから、朝食どころではなかったのです。だから、朝保育園に来ても、目覚めていないからなかなか遊びに入っていけません。遊びに入るようになっても、お腹が空いているので午前中は元気が出てこなかったのです。

山口　ぼくたち人間も、高度に発達したとはいえ自然の中に生きる生物の一つです。ぼくたち人間の生態も、地球の自転や月の満ち欠けといった自然のリズムの影響を受けている面があるのです。とりわけ自律神経やホルモンなどの、「生態のなかでも原始的な部分」は自然と深く関わりながら育っていきます。乳幼児期は、この生態の基礎をつくっていく時期だとも言えるのです。

清水　そうですよね。

寝るべき時間に寝そびれると、寝つけなくなる

山口　自律神経で言うと、昼間は交感神経が優位になり身体を活動的にします。夜は副交感神経が優位になって、体を休めます。地球の自転で今いる場所が昼から夜へと大きく変化していくとき、体はそのわずかな変化を捉えて交感神経の緊張を急速に緩め、副交感神経を優位にしていきます。日本では、夜の7時前後がこの時間帯です。この時間帯になると赤ちゃんは耳たぶや手の先を温かくして、いかにも眠そうにし始めます。この交感神経が緩んでいく時間帯に子どもを寝かしつけてあげると、子どもは短時間で眠りに入っていけるのです。

朝は、この逆です。朝方4時過ぎから交感神経が優位になり始め、5時頃には目覚めの態勢に入ってきます。朝5時に起きて活動を始めると、それから14時間から

15時間後にメラトニンというホルモンが脳内を潤し始めます。このメラトニンが脳内を潤すと、子どもは眠気を覚えるのです。朝5時の14時間から15時間後が夜の7時から8時ですから、早起きすれば夜も適切な時間に眠くなりやすくなってきます。睡眠や覚醒、脳内ホルモンの関係を見ても早起きはたいせつです。

夜にしっかり分泌されたメラトニンは、朝5時に起きて光の中で遊んだり、歩行したり、朝食を噛み噛みしたり、リズミカルな運動をすると、セロトニンというホルモンに代わります。セロトニンには、精神活動を安定させる作用があるのです。ですから早起き早寝を習慣づけていけば、気持ちの安定にもつながります。

睡眠覚醒のリズムが狂ってくると、こうした脳内のホルモンの働きにも影響が出てくるのです。ですから、どんぐり・どんぐりっこ保育園で親御さんに、「子どもを7時から8時までの間に寝かせてください」と言っているのは、とても正しいことだと思います。

清水　しかし、赤ちゃんや幼児が眠くなっている夜の7時頃と言えば、親はまだバタバタと家事をこなしていて、とても寝かしつけに入れる態勢ではありません。

山口　交感神経が自然に緩んでくる7時前後に親が忙しくして、寝かしつけができないまま夜の時間帯に入ってしまうご家庭が多いですよね。寝るべき時間に寝そびれると、今度は自然から受ける刺激がなくなるので交感神経が興奮した状態が続き、子どもはなかなか寝つけなくなっていきます。体が疲れ、大脳などを形成する体性神経も疲れてこないと、眠れないのです。これでは自律神経やホルモンが、その本来の働きを発揮することもできません。

子どもの成長・発達には自然のリズムに合わせた生活リズムを整えてあげる必要があるのです。ぼくはお母さんたちと話すときに、こんなことも言います。「子どもは何時間寝たかだけが問題なのでなく、何時に寝たかがとてもたいせつなんですよ」と。

朝の5時頃に起きる生活に

清水　子どもを夜8時までに寝かせてしまえば、本当は親御さんも楽になるはずです。子どもが寝たあとでゆっくり家事を片づけて、自分のことをできる時間がとれるようになりますから。でも、それまで11時に寝ていた子は、いきなり8時までには寝てくれません。ですからうちの園ではまず、「朝5時頃に起こすところから始めてください」とお願いしています。日頃朝の7時過ぎまで寝ている子を5時に起こしたら、その日は眠くて眠くて仕方ありません。そうなると日中はつらいかもしれませんが、夜は早く寝られます。

山口　そうですね。朝の5時頃は、夜から朝へと変化していく時間帯です。この時間に起きて太陽の光の中で活動すると、大人の時差ボケも矯正されると言います。

自然のリズムに合わせて体内リズムが確立してくると、子どもは自然に8時までには寝るようになるはずです。朝は、親が起こさなくても5時頃には目覚めてくれます。副交感神経が緩んで、交感神経が急速に優位になるので、「お腹空いた」と言って起きてくる子もいるでしょう。そこからひと遊びして、6時半前後に朝食にすると、食もしっかり進みます。登園や登校しても朝から目を輝かせて遊びや学習に入って行けるわけです。

一方朝も7時や8時に起きると、今度は副交感神経が緩みにくくなるので体は活動態勢に入れません。朝食は進まず、午前中はなかなか遊びや学習などにも入っていけません。

清水　そう思います。よく「早寝早起き」と言いますが、私は逆だと思います。本当は、「早起き早寝」なのです。まずは早く起こすこと。そこから生活リズムの立て直しが始まるのです。

早起き早寝が難しい時代背景

清水　現代社会は、早起き早寝が非常に難しい環境だと言えます。まず、お父さんの帰りが遅いですから。うちの保育園のご家庭でも、「お父さんの帰宅が夜の8時を過ぎて、そこから子どもたちをお風呂に入れてもらうので、就寝が夜の10時近くになってしまいます」という話をよく聞きます。

また、新入園の子どもたちはとにかく早起きの習慣がついていません。先ほど「朝の7時頃まで寝ていたら遅すぎる」という話が出ましたが、一般的には7時起床の乳幼児は早起きのほうらしいです。入園前の子どもたちは、7時どころか朝の9時頃まで寝ている家庭も少なくありません。「うちの子はこれまで朝の9時頃まで寝ていてくれたので、その間に朝の家事を済ませられて助かっていました」という話を何度か耳にしました。こうした意識の親御さんに対して、「朝の5時頃には起こしてください」と言うのは、大変なことです。

山口　なるほど。そういう生活でやってきたご家庭に、保育園に入った途端に「5時に起こせ」は難しいでしょうね。

そのような新入園のご家庭には、どのように指導しているのですか？

清水　新入園の子は、たいていどの子も最初は大泣きで登園します。性格や生活歴によってだいぶ個人差がありますが、1ヵ月くらいするとどの子も徐々に園での生活に慣れてきます。一方でいつまでも気持ちを立て直せなくて、なかなかみんなになじめない子もいます。そうなると親御さんも、「うちの子はどうしてこんなに泣くのだろう」などと心配するようになります。その頃に、生活リズムについて「夕食はもっと簡単でいいから、早く寝かせることを最優先に考えて大人の動き方を変えてほしい」というお話をさせてもらうようにしています。

早起き早寝を実践するための工夫

山口　親御さんたちはわかってくださいますか。入園前まで、朝の9時まで寝かせていたご家庭もあるわけですよね？

清水　たいていの場合、理解してもらえます。でも、「夜寝る前に、家族団らんの時間を持つことは子どもにとっても大切なことだと思います」とか、「寝る前に存分に絵本を読んであげたいから、そんなに早くは寝られません」など、早起き早寝ができない理由というのがどのご家庭にもあります。ですから個人面談の機会などを設けて、そのご家庭の事情や生活環境をじっくりと聞き出すことが大切です。一人ひとり、背景が違いますから。その中で「子どものためにはどうしたらいいのかな」ということを考えて話し合います。

たとえば「家族の団らんが大切だと考えているなら、それを朝食でつくってみたらどう？」とか。夜はお父さんの帰りを待たずに寝かしつけてしまっても、朝の5時に起きればたいていのお父さんはまだ家にいますよね。ですから、お母さんが朝

パパとのコミュニケーションは早朝の散歩がおすすめ

食を準備している間にお父さんと子どもでお散歩に行ってもらうなど、「パパとの交流の時間」を早朝に持ってくればいいですね。そのあと、家族そろってゆっくり語らいながら朝食が摂れたら素晴らしいと思いませんか？

寝る前に存分に絵本を読んであげたいという親御さんには、帰宅してから寝るまでの手順を整理して、段取りを工夫することをお伝えしています。

10歳までは生活リズムを整えるのが親の務め

山口　ぼくたち人間の体の基礎は10歳頃ま

でにつくられ、11歳頃から思春期を迎えて大人の体へと移行していきます。この基礎ができていれば、少々の徹夜が続いたり、勉強のために寝る時間が遅くなってしまっても体の乱れは短期間でとり戻せます。一方で基礎ができていないまま思春期に入ってしまうと、少しの無理で神経症的な症状が出てきたり、頭痛や発熱、いらいら、けだるさなどといった、さまざまな問題が生じやすくなってしまうのです。

体の基礎をつくるためには、自然のリズムに生活や体のリズムを合わせなければいけないことはお伝えしてきたとおりです。かつては、人々は夜明けとともに動き出し、日が暮れると寝床に入る生活だったのでわざわざ生活リズムのことなど考える必要はありませんでした。親が夜なべをしても、小さな子どもたちは寝床の中でした。それが電気の普及によって生活のリズムが突然変わり、親も子も夜遅くまで起きるようになりました。わずか60年余り前からのことです。

清水　昔の人は日の出とともに起きて、日没とともに寝ていましたからね。今の親御さんはその時代を知らないから、子どもたちにどれほど無理がいっているのか気がつきにくいのでしょう。

山口　体の基礎がつくられていく10歳頃までは、生活のリズムをたいせつにしてあげてほしいと思います。

清水　人生最初の10年が、親の頑張りどころです。「親の責任」というのは勉強を教えるというようなことだけではなくて、何よりもまずは早起き早寝朝ご飯！　あとは子どもの持つ力を信じて、発達を焦らずに待ってあげることだと思います。

山口　そもそも親が子どもに手をかけてあげられるのは、だいたい10歳くらいまでだと思います。小学校5～6年生くらいになると子どもたちは社会に目覚め、「親と同等の一人の人間」としての歩みを始めるからです。親の行為を「ださい」と感じたり、自分なりの憧れの人物や家庭などを心のうちに持ったりするようになります。この頃には親が言うことでもうのみにはせず、客観的、批判的に捉えるようになります。思春期に入るわけですね。

人間もうまくできているものです。その頃までには体や知的機能の基礎などはほぼできあがってきています。その後は、子どものほうから発してくる「こんなふうになっていきたい」という思いや向上心に寄り添いながら、応援したり、相談相手になったりしていくのが親の役目です。こんな過程を経ながら、やがて子どもたちは親元を巣立っていくのです。

第8章　子どもたちの幸せを願って
～子どもたちに、たくましく生きる力を～

どんぐり・どんぐりっこ保育園の想い

清水　これまでお伝えしてきましたが、私たちは離乳食の時期にスプーンからお箸へと、結果を急ぎません。子ども自身の育つ力を大切に、時間をかけて向き合うようにしてきました。

旬の食材をすべてての感覚器官を使って全身で食べている子どもたちの姿は、感動的です。このようにして子どもたちが好き嫌いなく、何でも意欲的に食べられるようになることは、将来健康でたくましく生きていける力になると信じています。

山口　手づかみ食べをしなくても、スプーンが上手に使えなくても、幼児用トレーニング箸で訓練すれば箸が使えるようになるでしょう。赤ちゃんの時期にずりバイや四つ這《ば》いをしなくても、身体に障がいがなければ子どもは歩き出します。

しかし、これまでにも述べてきたように、手づかみ食べやスプーンでの食事を経て箸が使えるようになった子と、訓練で一足飛びに箸に移行してきた子には違いがありました。手づかみ食べをしてきた子どもたちは、幼児期に入ると土や水に触れ、草木に親しみ、虫や小動物を友だちにして遊ぶようになっていきました。でも、訓練的に育ってきた場合は、箸は使えても土や虫たちに手が出せる子が少ないというのは、清水さんがおっしゃっていた通りです。ずりバイや四つ這いをそれほどしなくても、子どもは歩きます。2歳前には、駆け足ができるようにもなるでしょう。でも体の立ち直りや、バランス感覚などはあまり良くありません。

ですから子どもに「手づかみの時期には手づかみを」「ハイハイの時期にはハイハイを」と、その時期本来の子どもの活動や遊びを保障して育てておられる清水さんのお話には、ぼくも同感です。

土の匂いを感じたときに、この山を登れると思った

山口　誰に教えられたわけでもない。訓練されたわけでもない。それなのに幼年期に、あるいは少年期に野山を駆け回って仲間と遊んだことが、虫を捕ったり魚を捕ったりしてきたことが、大人になってふと自分の身を助けてくれることってありますよね。

ぼくは生まれつき見えなかったわけではなく、病気による中途失明者です。光も感じなくなって家にこもりがちになったある日のこと、家に来た甥っ子が「叔父ちゃん、山へ行こう」と言い出しました。その頃は体も太りぎみになっていたぼくを外に連れ出さなくてはと、甥なりに気遣ってくれたのだと思います。でもそのときぼくは、「見えないのに山道など……」と思いました。だけど家の者たちにも背中を押されて、とにかく出かけました。

いざ山で歩くと、やはり大きな石につまずいたり、木の根に足をとられたりしました。目が見えていたときは何でもなかった山道だろうに、一歩一歩が思うように進まない自分に歯がゆさを感じたし、無力感さえ覚えました。

尾瀬の小至仏山[こしぶつさん](2162メートル)頂上。高い山を仲間たちと登りきった達成感を、幼児期に経験させてあげたい

道が岩場にさしかかったときのことです。思わず転んでしまいました。でもそのとき、うつぶせた顔に懐かしい土の匂いや岩の匂いがしてきたのです。子どもの頃の記憶にある匂いでした。今の自分にはどうしようもなく高く感じるこの山も、子どもの頃に慣れ親しんだ山の匂いと同じだと感じた瞬間、「あっ！　ぼく、この岩場登れる」と思ったのです。それからは岩場も、根っこの道も、それほど苦にはならずに歩けるようになりました。それ以来、いろんな山に出かけています。

失明という障壁を越えてぼくが山を歩けるようになったのは、頭で考えたからではありません。誰かに教わったからでもありません。子どもの頃に野山を駆け回り、チャンバラごっこをしたり、ターザンごっこをしたり。ときには痛い目にも遭いながら山の斜面を滑り下りたりして遊んできたことが、急な斜面も谷間の道も歩かせてくれたのだと思います。

大きくなったときに、人間はいろいろと人生の壁にぶつかることがあるでしょう。そんなときに、幼いときからいろいろな体験や経験をしてきている人は、「これがだめなら、あれ！」と多角的に物事を見たり考えたりすることができ、何とかその場をしのいでいくことができます。体験や経験が、生きる力になってくれるのです。でも訓練的な価値観で育ってきた人は、「これがダメだったら、もうダメ」となりがちです。どんぐり・どんぐりっこ保育園のような保育は、「生きる力を培っていく保育」だと言っても良いと思います。

幼少期の経験が、壁を乗り越えられる強さになる

清水　山口さんとはもう長いおつき合いになりますが、こういった話は初めて伺い

ました。「人間は豊かな幼少期を過ごしてこそ、人生の壁を乗り越えることができる」と以前おっしゃったのを聞いて共感したことがありましたが、ご自身の体験から来る言葉だったとは知りませんでした。こうしてじっくりお話を伺ってからだと、その言葉の深さを感じます。

山口さんは今でも毎年富士山に登っていらっしゃいますよね。富士山以外にも山に登っていらして、山にはお詳しいですね。

山口　幼少期に自然の中で自由に暮らしてきた体験がもとになって、今の自分があるのだと思います。幼い頃は大人に言い含められてわかったつもりになるよりも、体を通して体全体で感じて知っていくことがたいせつだと思います。それが認識だとか、言葉だとかの内実になるのだとぼくは思っています。絵本やテレビなどで知った仮想の世界ではなく、基本的に自分の体を通して知っていくということがとても大事だと思うんです。

ですから親や保育士など、子どもの周りにいる大人は、子どもに対して良かれと思って大人の指示に従わせようとしすぎたり、手や口を出しすぎないでほしいです。

田植え体験。体全体で感じて知っていくことをたいせつにしてあげたい

それより、子どもの自主性や、体験・経験をたいせつにしてあげてほしいと思います。子どもに手をかけすぎることは子どもを助けることでも、守ることでもないと思うのです。赤ちゃんには赤ちゃんの遊びや生活を、1歳児には1歳児の遊びや生活をとり戻し、その時期その時期に持てる子ども本来の力を発揮できる環境を整えてやることが、長い目で見れば「子どもを守る」ということにつながるのだと思います。

人生のスタート時期に出てくる「自分で！」の手づかみ食べを、たいせつにしてあげたいですね。

あとがき

先日、どんぐり保育園の創設者でいらっしゃる清水フサ子さんと、出版社の方が私の家に訪ねてこられ、「赤ちゃんの手づかみ食べについて対談してほしい」というお話をいただきました。私は当然のように赤ちゃんは手づかみや食べ散らかしの時期を経てスプーンや箸を使うようになっていくものだと思っていたので、このテーマで何を話すのかと不思議に思いました。よく聞くと、最近インターネット上に子どもの手づかみ食べの記事を配信したら、サーバーが一時ダウンするほどのアクセスや問い合わせがあったとのこと。いったいどんな人たちがアクセスしてきたのでしょうか。離乳食を食べてくれなくて困っているお母さんたち？　それとも、いつスプーンや箸で食べてくれるのかわからず、不安に思っているお母さんたち？最近は、早期教育志向が強まる中で、手指に固定して使うスプーンや箸が出回っているという話も聞かされました。そんなスプーンや箸を子どもに使わせている親御さんからもアクセスがあったのでしょうか？

日をあらためて清水さんと対談してみると、手づかみ食べにとどまらず、現在の子どもたちの発達や、子育てについて多角的に話し合うことができて、有意義な時間が過ごせました。対談では、いきすぎた早期教育・早期訓練のことが、何度も話題になりました。

今は子どもたちが健やかに発達していくには、とても厳しい時代です。少子化対策の一環として待機児童をなくすために、政府は各地に保育所の増設を進めていますが、町中にできている保育園には、園庭もホールもないところが増えています。子どもたちの発達には、全身をつかった運動や遊びが欠かせないと対談の中でお話ししてきましたが、子どもの自由な遊びさえ保障できない保育園が増えてきているのです。また政府は、2015年度の新保育制度で、保育を介護と同じように「サービス」とし、子どもたちの発達保障については親の裁量に任す方向性を打ち出してきました。そして、親の選択肢を広げるために、保育の場に育児産業が介入しやすくしました。育児産業は、親たちに早期教育・早期訓練志向を煽《あお》っています。昨今わが国では、親の経済格差や、子どもの貧困が大きな社会問題になっているのに、これではそれらにも一層油を注ぐことになります。親の仕事が夜にまでずれ込む家庭では、子どもの生活のリズムどころか、食さえ守ることができません。

しかし、子どもはどんな家庭に生まれても、どんな地域に生まれても、あるいはどんな人種であっても、発達の機会は平等に保障されるべきです。家庭の事情などでその機会が奪われたり、曲げられたりする子がいてはいけません。発達は権利です。その機会はどの子にも平等に保障されなければならないのです。行政は、子どもの発達保障の責任を、親だけに負わせるのでなく、行政も責任を持って、子どもが健やかに発達していける環境を整えていくべきです。貧困の解消や、生活リズムの保障は、親の努力だけではしきれません。私たち市民も、子どもを安全に守ってもらえる場の確保にとどまらず、子どもの発達保障にまで言及した保育運動や、子育て運動を広げていかなければいけないと思います。

この度の対談は、1歳前後の子どもたちの手づかみ食べをテーマにしたものでしたが、この時期の子どもたちが健やかに育っていくには、子どもの自主性（自立への意欲「自分で！」）をしっかり育てていくことが大切であること、早寝早起き・朝食を保障していくこと、身体的・体験的な遊びを保障していくことが大切であることなどを、確かめ合ってきました。あまりふれることができませんでしたが、この他にも子どもの発達には良い文化の保障が必要です。私が関係している保育園では、日本だけではなく世界の優れた文学や科学の中から、あるいは伝統文化から選《よ》り抜いた絵本や、お話、歌などを、その子の月齢や状態に応じて自由に与えられるようにしています。親御さんたちが絵本などを選ぶときの相談にも応じています。

本書は、手づかみ食べ期の子どもを中心に子どもの食と発達について清水さんと私が自由に話したことを、出版社の方が文字にして、清水さんたちの保育園の実践に併せて構成していったものです。予《あらかじ》め本の項立てがあって、それに沿って話していったわけではないので、項目によっては説明不足の箇所や、余分な話もありますが、今、子育て中のみなさんや、保育の仕事に携わっておられる方々には、参考にしていただけることも多いのではないかと思います。

最後になりましたが、大変な作業をしながら、私たちの対談を本の形に編集・構成してくださった出版社の方々に厚くお礼申し上げます。

山口 平八

山口平八（やまぐち・へいはち）

1945年生まれ。1972年より20年間、養護学校に勤務。この間、障がい児の発達保障運動に関わり、地域の子どもたちの発達相談活動や、各地に療育教室をつくる取り組みなどに参加する。1992年、完全失明を機に埼玉県深谷市に移転し、治療院を開設。鍼灸治療に携わる一方、発達相談にも応じ、学童クラブの運営に関わるようになる。1997年からは、保育所や、障がい児の母子通園施設、学童クラブなどを経営する社会福祉法人の理事に就任し、現在に至る。

清水フサ子（しみず・ふさこ）

1955年に埼玉県立保育専門学院（現在の埼玉県立大学）を卒業し、保育士になる。埼玉県の公立保育園にて32年間勤務した後、1987年にどんぐり乳児保育園を創設。その後、どんぐり保育園を立ち上げ、初代園長となる。現在は社会福祉法人どんぐり会理事。「どんぐり保育園」、「どんぐりっこ保育園」にて子どもたちの成長を見ながら、若手の保育士育成や子育て中の保護者のための講演活動などを精力的に行っている。元埼玉県保育士会会長。

IDP新書 014

子《こ》どもの「手《て》づかみ食《た》べ」はなぜ良《よ》いのか？

2016年 9月16日　第1刷発行
2025年 6月20日　第6刷発行

著　　者　山口平八・清水フサ子
編集協力　森　祐子

発 行 者　和泉　功
発 行 所　株式会社 IDP出版
〒107-0052
東京都港区赤坂4-13-5-143
電話 03-3584-9301　ファックス 03-3584-9302
http://www.idp-pb.com

印刷・製本　藤原印刷株式会社
装　　丁　スタジオ・ギブ
組　　版　ネオ・ドゥー

ISBN 978-4-905130-22-2　C 0037
Printed in Japan